JN439036

論語

한국 문인 육필 걸작선
活語활어

초판인쇄 2021년 10월 22일
초판발행 2021년 10월 30일

엮은이_ 한국착각의시학작가회 김경수 외
題字_ 류병구
표지 그림(油畵)_ 이종필
발행인_ 이현자
발행처_ 도서출판 현자
기획 편집_ 이늦닢 장수현 권아울 이현자
E-mail_haje37@naver.com

등 록_ 제 2-1884호 (1994.12. 26)
주 소_ 서울시 중구 수표로 50-1(을지로3가, 4층)
전 화_ (02) 2278-4239
팩 스_ (02) 2278-4286
E-mail_001hyunja@hanmail.net

값 28,000원

2021 © 한국착각의시학작가회 Printed in KOREA

이 책 내용의 일부를 인용하거나 복사·발췌를 할 경우,
한국착각의시학작가회의 동의를 받아야 합니다.

ISBN 978-89-94820-66-8 03810

한국 문인 육필 걸작선

한국착각의시학작가회

도서출판 **연지**

34호를 출간하며

계간 착각의 시학
대표 김경수

꿈틀거린다
서서히 일어선다
팔딱 팔딱
동해로 부터
오대양 칠대주로

ㄱ·ㄴ·ㄷ·ㄹ 이
ㅏ·ㅑ·ㅓ·ㅕ 가

동시에 움직인다
저명한 한국의 작가
77인의 활어가
팔팔팔 물결친다

여기에 서렸오롱…

2021. 10
松灘漁笛 에서

목차_

가나다순

참여 시인_

참여 시인_

참여 시인_

초대 시인_

김년균

김용언

김유조

마경덕

손필영

오세영

이옥희

허형만

김경수

초대 수필가_

이성림

김년균

1972년 이동주 선생 추천으로 등단.

한국문인협회 이사장 역임.

시집 《장마》《갈매기》《바다와 아이들》

《사람》《풀잎은 자라나라》《하루》《아이에서 어른까지》

《사람의 마을》《오래된 습관》《그리운 사람》《숙명》

《자연을 생각하며》《우리들이 사는 법》

《무슨 꽃을 피우는가》《사람을 생각하며》 등 다수.

한국현대시인상, 들소리문학상, 윤병로문학상,

윤동주문학상 등 수상.

산길

김년균

숲속 오솔길을 혼자 걷는다
길이 멀어도 지치지 않는다

아내는 이웃으로 마실 나가고
아들은 강 건너 일터로 가고

문밖엔 하릴없이 떠도는 세월
돌아보니 금세 사라지고

속절없이 피고지는 꽃들
상시로 지쳐 눕는 바람

산기슭 숲속에서 소쩍새 울고
산너머 능선에서 늑대가 운다

김용언

월간 시문학으로 등단(1977년)

한국문인협회 시분과 회장 역임.

한국 현대시인협회 이사장 역임(현재 평의원).

계간 『현대작가』 발행인.

저서 《사막 여행》, 《쭉정이의 행복》, 《유리벽》, 《거기》 외 6권.

시문학상, 영랑문학 대상, 국제 pen문학상 수상.

사랑

김용언

편지를 보냈다
보고 싶다고

답장이 왔다
보고 싶으면 네가 오라고

갑자기 보고 싶은 마음이 사라졌다

편지를 썼다
가고 싶은 마음이 아니라고

답장이 왔다
날이 밝는대로 달려오겠다고

강재산방에서

김유조

2005년 『문학마을』 등단.

시집 《여행자의 잠언》 외 공저 2권.

소설집 《세종대왕 밀릉》 외 2권.

평론집 《우리시대의 성과 문학》.

현대시인협회 국제문화위원장, 국제펜 한국본부 부이사장.

헤밍웨이 문학상, 서초문학상, 문학마을 문학대상,

계간문예 상상탐구 소설 대상, 학술원 우수도서상 수상.

미국소설학회 고문(회장 역임), 서초문협 명예회장,

건국대 명예교수(부총장 역임).

시 기다리며 (역병의 시절에)

김유조

새벽 산책 나왔다가 만난
여름 소나기
언뜻 떨어둔 빈 추녀는
문패가 '경로당'

'당분간 출입금지'
역병을 알리는 게시판에는
하마
때가 묻었고

모기떼기 소리만
빈집을 채우는데

"걱정 말아요"
모두 곧 지나간다고
직관의 새벽시간이
축축한 내 귓전에 대고
모기 소리를 누른다

마경덕

2003년 세계일보 신춘문예로 등단.

시집 《신발論》 《글러브 중독자》 《사물의 입》 외.

꽃등심

마경덕

둥근 접시에
선홍색 꽃잎이 활짝 피었다

뒤새김질로
등에 꽃을 심고 쓰러진 소여,

피처럼 붉은 저 꽃은
죽어야 피는 꽃이었구나

손필영

1962년 겨울 서울 돈암동에서 태어났다.

1999년 〈조선일보〉 신춘문예에 〈빛을 기억하라고?〉가 당선되어 시작 활동을 하고 있다. 한국문화예술 위원회(아르코)의 제1회 아시아 예술 창작거점 사업에 추천되어 몽골에 파견되었다. 제4회 김기림 문학 대상을 수상하였다. 현재 국민대학교 교양대학 교수로 있다. 시집으로 《빛을 기억하라고?》, 《타이하르 촐로》, 《그 바람이 어찌 좋던지》와 공동시집 《산늪》, 《곰배령 넘어 그대에게 간다》, 《빙폭》, 《금강산에 살다 죽어도》, 《천지에서 바이칼로》, 《백두대간 시집-혼자 걸어도 홀로 갈 수 없는》 등 다수가 있다.

가을에

손필영

햇살 껍질 벗고
바람 낮게 흐르고
환한 참나무 숲 속에서
상수리알 떨어진다

허공에 떠다니던 사람
허공에 기대던 빈집들
툭툭 내려 앉는다

울지 않고 날았던 새들
지상 끝으로 돌아와 운다

오세영

전남 영광 출생, 전남의 장성과 광주, 전북의 전주에서 성장.

1965-68년 『현대문학』지 추천으로 등단.

시집 《바람의 아들들》 등, 시조집 《춘설(春雪)》,

학술서적 《시론》, 《한국현대시인연구》 등 수십 권이 있음.

은산철벽

오세영

까치 한 마리
미루나무 높은 가지 끝에 앉아
새파랗게 얼어붙은 겨울 하늘을
엿보고 있다.
은산 철벽(銀山鐵壁)
어떻게 깨트리고 오를 것인가.
문 열어라 하늘아
바위도 벼락 맞아 깨진 틈새에서만
난초 꽃대궁을 밀어 올린다.
문 열어라. 하늘아.

이옥희

1976년 『현대문학』 등단.

시집 《들판을 서성이는 바람이어라》 외 7권

수필집 《내 안의 영원한 꽃빛》 외.

제17회 조연현 문학상. 펜 문학상 외 수상.

한국 여성문학인회 회장 역임.

현) 용산문인회 회장.

소멸을 그리워 하다

李玉熙

갑자기
사물 앞에 서는 것이 두렵다
사람과 사랑 사이
그 앞에 서는 것은 더욱 두렵다
거짓 목소리로 부르거나
거짓 표정으로 다가서지도 않았었지만
눈 부족하고 복 많았던 공주
라 말하고 살았다.

내가 내 안에 갇혀
하얗게 질색하는 시간
소멸을 그리워 하는 시간

허형만

1945년 전남 순천 출생.

1973년 『월간문학』(시), 1978년 『아동문예』(동시) 등단.

시집 《황홀》, 《바람칼》, 《음성》 등. 중국어 시집 《許炯万詩賞析》.

일본어 시집 《耳な葬る》. 이론서 《영랑 김윤식 연구》,

《허형만 교수의 시창작을 위한 명상록》 등.

한국시인협회상, 영랑시문학상, 윤동주문학상, 공초문학상 등 수상.

현재 국립목포대학교 국문과 명예교수.

홍매(紅梅)

나무 의자 하나가
늙은 홍매 아래에서
온몸으로 꽃잎을 받는다
꽃잎 사이사이
꽃그늘도 받는다

꽃잎과 꽃그늘에 어린
한 삶이 저리 고울 수가 없다

허형만

김경수

1980년 『해변문학』으로 시작(詩作) 활동.

종합문예지 『착각의 시학』 발행인 겸 주간.

착각의시학 문예창작아카데미 지도 시인.

시민예술대학문예창작 지도 시인

시집 《기수역의 탈선》 외 8권.

평론집 《상상의 결이 청바지를 입다》 외.

제10회 한국농민문학상, 제6회 한국문협작가상 외 수상.

들꽃

김경수

광활한 평원에
나,
꽃피고 꽃잎지며
봄처럼 있다가
물처럼 간다

이성림

『문예사조』 수필 등단(1990.12).

전국여교수연합회·전국문예창작학회 부회장.

한국문인협회 은평지부장 역임.

(사)여성문제연구회 회장. 한국여성단체협의회 출판홍보위원장.

명지전문대학 문예창작과 교수.

저서 《고전문예론》《한국문학에 나타난 규훈연구》

《수필강의록》《생활한자》《문학의 이해》

《혼자 피는 꽃(공저)》 등.

대숲은 얇은 바람결에도
소리를 내지만,
바람이 가고 나면 고요해진다.
이렇듯이 대숲에 이는 바람은
事物이 오면 응대하되
간 뒤에는 거리낌이 없다.
명리(名利)를 마음에 두지 않으니
그 얼마나 평화로운 경지인가.
삿된 마음을 버리고자 할 때름
이나라 「대숲에 이는 바람은」 중에서

이성림 적음

참여 시인 _

강구원 강명숙 강성숙 고산지
고원구 고은주 구신자 권아올
권영목 김계영 김기성 김낙완
김다솔 김도희 김두녀 김무영
김미순 김석림 김성범 김수노기
김영미 김우영 김철규 김행숙
김현찬 김도남 김가론 문용식
민이숙 박두련 박정현 박홍균
방지원 성진숙 송승태 辛夷
심명숙 안재덕 양회올 오현정
원연희 위형윤 유나영 이광주
이늦닢 이미라 이병연 이복자
이세규 이순옥 이애진 이정님
이정미 장문영 장수현 정해현
최명숙 최수경 한기용 한명숙
허가은 현미정 홍한나 황순남

강구원

착각의 시학 주관 제14회 한국창작문학상 수상

한국신춘문예 시 부문 당선

-「기근만리(飢饉萬里)」,「맹녀(孟女)」,「낡은 고깃배 한 척」

한국신춘문예 예선 심사위원

종합문예지『착각의 시학』시 부문 수상

-「안개」,「솜이불」,「님의 산수(傘壽)에 올림」 추천

1972년 8월 한국시인협회(풀과 별 月刊詩誌) 시부문 추천

-「별빛 속의 추억」,「오디에 서린 얼굴」

오리에 서린 얼굴

오리가 익을때마다 내 슬픔 익어가고
오리를 먹을 때마다 눈물이 나네

그분은 아빠도 알고 계실까
조그만 손으로 오리를 따서
그분이 계신 곳에 가지고 갔을땐

새까만 조그만 내 눈 앞에서
멀리 멀리 떠나 가셨지

한 아름 부푼 꿈은 산산이 깨어지고
뜨거운 눈물만 두 볼을 적셨지

강 구 원

남태령

그 옛날 험하고 높은고개
삼남대로 상에서
첫번째 맞이하는 큰고개

본래 이름은 여우고개
전설의 이름은 狐峴
조선정조가 화성 능행 행차에
과천현 吏房·변씨가 붙인이름

남태령이나 이공홍이
한양에서 전라도로 갈때 넘던고개
옛생이와 인연이가
한양에서 과천으로 갈때 넘던고개

순리順理.

흙은 무슨 힘으로 꽃을 피우는가
흙은 무슨 사랑이 많아
꽃을 지게 하는가

물은 무슨 힘으로 배를 띄우는가
물은 무슨 사랑이 많아
배를 엎어버리는가
그러니 君船民水, 君舟民水.

사랑이 아니라 힘으로운
順理인 것을 ......

강 구원

강명숙

『한국시학』 등단. 한국현대시론 연구회원.

계간 『한국시원』 편집국장.

시집 《은유의 집 짓다》《높이를 잘라내다》 외.

공저 《바람에게 길을 묻지마오》 외 다수.

춘우문학상 수상.

풀의 말

강명숙

매번 쓰러졌다가 일어서는 고단한 일상이지만
바닥에서 고개들어
파랗게 치솟는 하늘과
출렁대는 초록빛 비단 들판 대면한다
지극히 작은 몸짓으로 드물게 탁 트인 순간에 서면
천리를 꿰뚫는 안목 지닌다
짓궂은 발뒤꿈치마저
앞서가며 다져주는 믿음직한 세파의 손,
예고 없이 닥친 소용돌이 속에서
곧 의연해진다
'구토증 나던 흔들림은 생명이며
부대끼던 아픔은 나눔이다'

ㅡ나는 지금 삶 고르기 중이다.

산 행

강 명 숙

고된 여정에선 모두 짐이지
집(家)이 그늘만 못하고
지식의 많고 적음이 가벼운 새소리만 못하지
심히 갈라지고 부르텄어도
변함없이 결 내어주는 소나무의 깊은 미덕
거친 세상 내려다보는데
그만한 뒷배가 또 있을까
존재는 존재를 위해 살지 않는다
틀 벗어나 높은 곳에서 펄럭이는 자유
드넓은 가벼움 맛보기 위해
거친숨 몰아쉬며 한발한발 내딛는 길

길위에 서선
헐떡대는 심장 빼곤 모두 짐이지.

터널

강 명 숙

살면서 되돌릴 수 없는 곳이 있다
너무 어둡고 컴컴해서
너무 지치고 힘들어서
가슴 터져버릴 것 같지만
마지막까지 긴장을 놓아서는 안 되는 곳
추월금지
거리유지
간격 유지하며 가다보면
긴 끝에서 나타나는 찬란한 빛.

강성숙

1990년 『우리문학』 시, 98년 동아일보 소설 등단.

한국 문인협회 회원, 국제 펜 한국본부 회원,

여성문학인 협회 회원, 한국 소설가협회 회원.

동아일보 대상, 서울시장사, 경인일보 대상, 예민문학상 수상.

시집 《살구 빛 향으로 물들일 수 있다면》 외

단편집 《거꾸로 걷는 사람》 《고무래》 《아우라지》 《매니큐어》 외.

부부

石情 강성숙

꽉 찬 제 속
몽땅 파 버리고
광기와 본질을
짠 물에 다 마시며
서러운 눈빛 껴안고
부대껴야 하는
부부는 한 쌍의
자반 고등어.

뜨거운 몸짓

西情 강성숙

커피 잔 속에
카랑카랑 떠 있는
사투리를 마시면
고향이 내려와 앉는다

동백보다 더 붉은 향수는
뜨거운 몸짓으로 설렘을 적시는데
삼백 예순 날
파란 고향이
작열하는 햇살 아래 모여 앉아
자지러지게 웃고 있다.

무소유

石情 강성숙

그의 시선 속에 살아난 숲은
하늘을 닮았다
늘 손바닥 만한 삶에 빠져
문학이라는 섬 붙들고
밤길을 걷지만
그의 가슴 속엔
살아 있는 큰 산 하나
삐뚤어진 도시로 향해
박속 같은 웃음을 띄워야 하는
그는 리리시즘을 닮은
쓸쓸한 무소유.

고산지

본명 고영표(高永表). 일간지 칼럼 연재 중.

집 《비비고 입 맞추어도 끝남이 없는 그리움》 외.

장편대하서사시집 《독립없는 해방은 시리도록 아프다》 외.

작품집 《차명의 세월(안개속)》 《차명의 세월(연단)》 《계곡의 안개처럼 살다》 등.

제5회 시사문단 문학상 대상, 5회 한비문학상 수필 부문 대상,

상상탐구작가상 수상.

국제PEN한국본부 이사. 크리스천문학가협회 이사, 계간문예작가회 이사.

〈끄트머리〉

고산지

끝이 아니네
끄트머리네

절망속에 숨겨진
약속의 언어

끝머리는 부여잡은
하늘의 윗머리

변화가 시작되네
끝이 들기 시작하네

〈봄 · 2021〉

고산지

칙칙한 마음에
뿌리내린 봄
아지랑이 따라 연한 속살 드러내며

꽃샘 바람 시샘으로
이리 저리 흔들리나

따스한 봄볕에
봄물이 들었네

홍매화 개나리 산수유 벚나무도

봄볕에 만개 했네
봄물이 들었네

〈자유를 위한 서시〉

고산지

닫힌 공간에서 자유로운 사람이 있고
열린 공간에서 구속받는 사람이 있네

저항하지 않으면 자유를 상실하네

해방이 곧 자유는 아니네
질서 없는 해방은 혼돈을 초래하네

과거로부터의 해방이 자유를 담보할 수 없듯이
현재의 자유도 미래의 자유를 담보하지 않네

우리의 행동이 자유를 향한 자율로 바뀔 때
우리의 영혼은 자유롭게 변하네

자유는 지키는 자에게 주어진 은혜의 선물이네
자유는 누림으로 얻는 축복의 열매이네

고원구

계간 『열린문학』 시 등단.

한국문인협회 회원, 국제펜한국본부 회원. 경북문인협회 회원,

계간 『착각의 시학』 편집위원. 전, 경북동부 신문사 논설위원.

시집 《구름 나그네》《길이 없어도 별은 뜬다》《시간을 빚으며》 외 다수.

한국창작문학상 수상.

설중매

고원구

백설의 품이 안겨
봄을 설레게 하는
설중매

설화의 향기로
층층의 씨앗을 아우르는
그 모습

장엄한 국운을 모아
미려한 줄곡을 연주하듯
사랑으로 꼭 감싸 안은
설중매

가을에 뿌린 씨앗

곤원주

긴 여름
포만했던 가슴에
고운 빛깔로 덧칠을 하는
가을비

낮달
남은 빛살은
푸른 하늘을 흔들어
가야금 소리로 흘러 내리고

잎새에 맺힌 이슬은
가을 햇살 부서지는
까만 눈썹위에 앉아
먼, 비인 산을 닮는다.

어느 날

고원구

높다란 가을하늘보다
더 맑고 청명한
어느 날
보이지 않는
인내의 향기 흩뿌리며
소소한 바람을 벗으로
주춧돌 위에 한 소절씩
꼿꼿하게 앉아
사랑을 속살거리며

역사의 수레바퀴를 망가뜨린
불한당
코로나 19를 꽁꽁 묶어
공간과 여백을 두지 않고
시간을 채찍질 하며 달려간다.

고은주

월간『문학세계』등단.

한국문인협회원, 전북문인협회 및 전주문인협회, 미당문학, 착각의 시학 회원.

제2회 詩끌리오 작가상 및 제2회 베이비박스 문학상 수상.

기원

고은주

무엇을 삼켰을까?
온종일 꿈틀대며 신음하는
사월의 바다야

월전병 같은 탐스런 달도
네게 위안이 못 되는구나!

창백한 낯빛
검푸른 네 몸뚱이를
반짝이는 은빛 테를 둘러 감싸주어도
애끓는 울음소리들은 그치지 않고 있구나

바다야, 바다야
앙다문 입술을 열어 부르짖으렴
떨리는 목젖에서 하얗게 쏟아지는
주머니 속 비밀의 네 언어를
새벽별이 이르기 전 토해내거라

낙 타

고은주

황량한 사막
휘청일 듯
무거운 짐이 산을 이뤄도
묵묵히
낙타는 간다

그믐날 밤의 적막과
날 선 칼바람 마주하며
수 많은 고통의 멍울
혹으로 쌓아도

견디고 건너야 할 세월의 짐
묵묵히 등에 지고
뒷줄 선 두 다리로
고개를 넘는 아버지는
낙타가 되어 간다!

십자 나사못

고은주

서로 맞물리지 못한
사이의 틈으로 들어가는
삐걱 소리

한 몸이 되지 못해
벌어진 틈 만큼 흔들리다
서로를 갉아대는
모난 쇠 갈는 소리

나와 다른 너에서
들리는 삐걱 소리
십자 나사못 안으로
그 소리 잠든다.

구신자

충남 서천 출생. 고려대학교 원예학과 졸업.

계간 『착각의 시학』 시 등단.

강화문학회 회원, 강화미술협회 회원, 한국착각의시학작가회 회원.

시집 《꽃뱀, 굴을 나오다》 공저 《모국어 외상장부》 외.

2020년 꽃의 향연 구신자 개인전 (토포하우스, 서울) 더리미미술관(강화).

바다

구 신 자

네 그리움이 철썩이면
내 그리움은 뒤척이고
맨발로. 맨발로.

네 그리움이
내 그리움을 받아 안고
처얼썩. 처얼썩.

그리움에 엉킨 가슴일랑
예다 풀고 가라고
쏴아아. 쏴아아.

삶은

구 신 자

행복한 날이 오거든
행복하게 사십시오.

행여 불행한 날이 오거든
또한,
행복했던 날처럼 사십시오.

삶은
무조건 행복해야 하니까요.

남해의 아침

구 신 자

남해의 아침은 배. 배. 배
집집의 배가 바다로 모이는 아침바다
조찬 모임 중이다.

섬처럼 보이는 배. 배. 배
어미 품에 기어 든 새끼처럼
옹기종기 젖을 빨고 있다.

남해의 아침은 배. 배. 배
자식이 많아 꾸려줄 것이 많은
허리 굽은 엄마 품이다.

권아올

본명 권중화. 계간『문학과 현실』시 등단.

한국작각의시학작가회 사무국장.

공저《詩, 길을 묻다》,《꽃으로 오너라, 사랑으로 오너라》,

《詩가 아프다고 말할 때》,《詩, 물구나무서기》,

《詩와 時사이》,《詩끌리오》,《모국어 외상장부》,《쉼》외 다수.

그리움

권중화

그리움에 재갈 물리고
안양천 거닐며
당신이 즐겨 부르던 풍자소리
한 소절 소리 내어 읊어봅니다.

휘감기던 여울목은
바람만 들이켜 헛배 불러있고
초겨울 축하 지는 초초함에
설 잠 뒤척이다 듣는 이명
그 곳은 항상 꽃이 피고 새가
지저귄 다구요

새아가야

권중화

봄날에는
솜사탕 같이 부풀어 오른
민들레 둥근 꽃씨가 되어
어린 바람을 잡듯 다가옵니다

앞산에 숲도 부풀고
마당에 꽃도 부풀고
바라보는 내 마음이 부푸니
새아가의 사랑도 부풀어 오릅니다

바닷가 조약돌을 그토록 둥글고 예쁘게
만든 것은 무쇠로 만든 정이 아니라
부드럽게 쓰다듬는 물결입니다

부푼다는 것은 둥글어 지는 것이니
모두들 각진 세상이라고 하지만
우리는 조금씩 빚어낸 둥근 마음을
더욱 예쁘게 부풀어 봅니다
모두가 부푸는 봄에 날아 온 나의 새아가야.

별처럼 돋은 귀로

권중화

새벽어둠을 달고 아들이 돌아왔다
탐욕의 도시 골목길을 돌아
아물지 않은 상처를 사위며
겨울 한가운데 줄기를 짓이겨 품고

발밑에 박힌 핏빛 얼음덩이 으깨어
뒤축을 주르는 원성들가저 녹이며
살얼음 밟으며 봉긋한 봄을 찾아
푸른 꿈 누비려 돌아왔다

발그레 홍조 띤 얼굴엔
벼랑 끝 밤빛 가득 안고
별처럼 돋아 하얗게 표백된 영혼으로
새벽소리 들으려 아들이 돌아왔다.

권영목

1994년 시집 《네가 있음으로 나를 알지만》 으로 시단에 나옴.

한국문인협회, 국제펜 한국본부 회원, 한국시인협회 회원.

모래알 1

권영목

모래알 속에서
하늘과 바다가 보입니다

모래알 속에는
따스한 햇볕과
차가운 바람과
추억의 별과
아주 긴 시간 공간도
한 덩어리로 뭉쳐 있습니다

모래알 2

권영꽃

하세월 씻긴 알맹이
곱기도 하여라

따스히 베어든 햇살
은근히 물든 달빛
살포시 스며든 별빛

마음도 오롯이 깃들어
반짝 반짝 빛나는
알맹이 우주의 파편

모래알 3

권영목

모래알은
천국에서 태어나
천국에서 놀다
천국으로 가는 중

지구라는 별을 타고

김계영

1998년 『포스트모던』 한국문학예술 신인상으로 등단.

전,전주MBC 아나운서. 2012년 시산맥회 활동 시작.

한국시인협회, 한국문인협회 홍보위원, 시산맥회 자문위원.

강남시문학회, 한국가톨릭문학회, 착각의 시학, 문학의 집 회원.

시집 《시간의 무늬》 외. 동인지 《쉼표에 잠수하다》 등 다수.

수필집 7인 공저 《이 땅에 사는 뜻은》

이끼

김계영

나무 밑둥치 그늘을 에워싸고 있는
푸릇푸릇한 시간들

숲의 바닥에 넓게 퍼져 자라는 이름을
너라고 지었을까

낮은 데서 이내 버티며
습기를 품을 줄 아는 너는
숨으려 해도
푸릇푸릇 지상을 품고 있는
주춧돌을 닮았지

결코 비굴하지 않은 낮은 자리의 사랑을
너라고 부르기도 한다

껍데기의 영상

김 계 영

쉬지 않고 걸었으나 서 있는 자리가 늘 여기다

누군가는 더 서두르라고 하지만
개미 기어가는 소리 서걱거리는 나뭇잎 소리가
지반을 흔든다는 것 알겠어요

머지않아 가버리고 말 것들
인정하고 싶지 않은 선언에 대한 반항인지도
몰라
더 이상 잃어버릴 것도 없는 길목에서
허공에 매달린 붉은 감 같다

가진 것마저 잃을까 봐 나아가지 못하는 것은
인정하고 싶지 않은 구멍에 대한 공포인지도 몰라

어둠의 무게를 싣고 가려는 발끝에서
어딘가로 호젓이 탈주하고 있는
껍데기의 영상을 누가 알겠어요

눈물 꽃이 피던 나무

김 계 영

죽은 산사나무가 드리운 그늘이 길다

사방으로 뻗은 뿌리가 땅으로부터 올라오는 그윽한 향기를
층층이 쌓아서 우람하기도 했던, 새털구름의 안색을 살피는
것이 어려운 일은 아니어도 눈물은 홀로 피고는 하였다
격렬한 동침도 조금 더 그럴 듯하게 포장되어 잎으로 피었다

그 나무 눈물 꽃을 피우다 수천의 슬픔을 보다가 신음소리
도 제대로 내지 못했다
이파리 돋아나고 흐드러지게 하얀 꽃 피우는 한 어미의
사랑을 나무는 헤아리다 지쳤다

줄기의 옹이가 드러나 다시는 꽃향기 뿜어내지 않던
내 어머니의 검은 몸 빛깔 같은 나무를 걸며 내 연민도
그늘 어디쯤에 묻는다

분분하던 신음소리 땅에 묻고 별일 없는 듯 무생물이
되어버린 어머니 같은 산사나무여

김기성

전북 정읍 출생. 2012년『한맥문학』시 부분 등단.

사) 한국 문인협회 정읍지부회원. 정읍 내장 문학동인.

현대문학 사조 문인협회 회원. 대한 해석회 회장.

동인지《사람의 가슴에 시를 쓰려다》.

공저《詩와 時 사이》,《詩끌리오》,《모국어 외상장부》,《쉼,》외.

시집《고독, 그 여정의 끝》.

가 가

김기성

일천구백 오십 삼년 유월 초이틀 자시
칠흑 같은 대지 광풍노도가 삼켜 갔다
가가가 엄마의 자궁 방에서 탈출을 서두르는데
시간의 공간 저편에서 열등한 녀석이 노크도 없이
가가의 운명속으로 구렁이 담넘듯 들어왔다
형체가 없다

6 차원에서 온 운명적 첫 만남
지. 인. 예. 덕、고귀한 운행을 담고 있다
가가는 장차 문호가 된다
드디어 12시 1분 가가는 엄마방 탈출
어둠속 광야를 향하여 포효를 터뜨렸다

수많은 이야기 군들이 60년 하고 다섯해 동안
시간의 저편에서 나를 기다리고 있었다
시단의 혁명가들……

가가: 그 아가. 그 아가

오감

김기상

언어의 비수란
누구의 비수는 칼에 입에서 쑥 튀어나오는
그 순간. 언어 쇠지는 者
모공에 백만볼트 전류가 흘러 세계에 분출된다

시인의 비수는 사랑의 오감으로 매우 정확하다
오늘 하루 세시간 책을 읽지 못했다.
콧구멍이 포동청.......

시의 칼 가득
언제나 불멸의 우주가 찰랑 거리고
시인의 오감
무한정으로 배어나 된다

알고리즘

김기성

21세기 환경 오염으로 일그러져 가는 지구행성
지구촌 고통에 서린 신음 소리가 시시각각
파멸의 메시지를 날아든다

우주에서 운석 덩어리가 수 없이 날아왔다
어느 행성이 파괴되어 가는 아픔이다
부황든 자들은 날아든 운석을 주워 들고
행운의 돈방석이라 환성을 자아냈다

어느 외계에서는 지구에서 날아든 운석 파편
주워 들고 노아의 방주라 허들갑을 토해 내는데

운석 시인은 일그러져 가는 푸른별 껴안고
누가 운석인오…!
21세기 말……

김낙완

계간 『착각의 시학』 시 등단.

전북대학교 사학과 졸업.전주성심여자고등학교 교장 정년퇴임.

백마문학회 동인. 한국착각의시학작가회 회원.

공저 《모국어 외상장부》, 《쉼,》.

시집 《그루터기의 꿈》. 문집《김씨네 조손 만두계록》.

그것은

김낙완

그것은
사막의 오아시스요 가뭄 끝의 단비
엄동설한에 비치는 한 줄기 햇볕이다.

그것은
굉장한 보물창고 아니
도깨비 방망이에 가깝다.

그것은
아주 깊고 은밀한
여인의 치마 속에 있다.

그것은
일찍 어머니를 여읜
우리 오남매 어릴 적
할머니의 비밀 금고 꽃주머니다.

몽당 연필

김낙완

긴 세월 살을 베어내고
뼈를 깎는 아픔에도
슬픔과 절망은 걸러 내고
기쁨과 희망을 노래한

버리기는 아깝고
쓰기에는 불편한 몽당연필

행복한 글밭의
가을걷이를 꿈꾼다.

시 짓는 즐거움

김낙완

사물을 건성으로 보지 않고
깨어 살피면서
경험을 기록으로 남겨
오래 간직할 수 있어 좋고요.

우리 말과 글에
혼과 생명을 불어넣기도 하며
객관적 사실에
감정의 색동옷 입히기도 하며

초고에서 탈고까지는
원석 갈아 보석 캐는 즐거움
뭔가 제로의
창조적 작업이기도 하고요.

권태와 무료함을 달래주는
마법의 오로라랍니다.
아니, 삶의 심장을 관통하는
최고의 예술이지요.

김다솔

1993년 『문예한국』 등단.

부산문인협회 이사, 『착각의시학』 편집위원,

(사)한국바다문학회 사무처장, 통영문인협회 회원.

시집 《편지를 쓰고 싶다》 외 다수.

2015년 부산문학상(시) 대상, 2018 詩끌리오 작가상 외 다수 수상.

봄

김다솔

봄이 매화 가지에 앉아
꽃을 피운다
활짝 핀 모습
임 보듯 반가웠는데
어젯밤 비가 내리더니
여기 저기
초록이 눈을 뜨누나
아쉽다
짧은 만남
이렇게 헤어져야 하는 봄

여름

김다솔

불볕 더위는
사막을 걷고 있는 듯
바람 한 점 지나가지 않는다

더위도
혼신을 다하여
곡식을 익혀 내고 있나보다

저 강과 언덕 사이
짙게 물들어가는 들판
그래도
가을의 예감은 온다

가 을

김다솔

창가에는
나 아닌 모든 것
몸짓만 남아 있고
하늘을 떠도는 구름은
그리움으로
손 흔들지만
세상은
부질없음으로
하염없이 숨이 차다

김도희

전남 장성 출생. 2016년 방배문학제, 성인부 장원 수상.

계간 『착각의 시학』 시 부문 등단.

한국착각의시학작가회 회원.

현재 《시와 삶》 동인.

고집스런 아침

김도희

불면의 밤이에요
상상은 길고
아침은 더디게 오죠

어둠이 짙어지면 놓쳐버린
문장을 찾아 헤매요
반짝이는 별 같은 시
쓰이지 않아
고단한 밤이에요

푸른별 고양이가 다가와요
어디론가 떠나보라 말해요
오늘밤은 바다에
배를 띄워야겠어요

엎치락 뒤치락
뒤척이는 파도소리에
밤은 더 깊어지고

등대를 찾지 못한
길 잃은 아침은
거센 파도에 밀려
올 생각이 없네요

봄 밤

김 도 희

달도 별도 쉬어가는
고요한 암자
달빛품은 매화향기
온몸으로 스민다

팔공산 아래
오래된 가옥들 사이
반짝이는 불빛하나
컹컹 개짖는 소리에
산을 흔드는 봄밤

시인들 모여 시 읽는 소리
대숲도 사그락 사그락
자장가로 듣는 천성암

보살님이 덖어낸 구증구포
뽕잎 차 마시다 보면
달짝지근 해지는 몸
가볍게 떠오를 것 같은

사월의 하룻 밤

사내가 운다

-톱연주-

김도희

사내가 운다
온몸으로 운다

뒤틀린 어깨, 거친 등
그을린 얼굴 울퉁불퉁 드러난 이

가슴 언저리 쓰다듬듯
등허리 한줄기 어루만지듯
활대 잡은 손이 떨며
사내가 흐느낀다, 어깨를 들썩이며

소리가 울고, 톱날이 떨리고
풀잎 같은 여자 앞에서
강아지 같은 아이들 옆에서
사내가 운다, 온몸으로 운다

덮어둔 일기장을 펼쳐 읽다가
망설이던 고해성사 풀어 놓는다
굽이굽이 청춘고백 중얼대다가
참고 참았던 눈물, 꿀꺽 삼켰던 울음
마침내 터져 나온다

어금니 앙다물고 몸부림치며
사내가 운다

김두녀

전주교육대학 회화과 졸업.

미술 특기 교사 재직. 시인·서양화가.

1994년 『해평시』에 「바다가 불렀다」 외 9편 상재 작품 활동 시작.

한국작가회의 고양지부장 역임.

상황문학 명예회장.

한국시인협회 회원.

서울시인상, 경기도문학상 본상, 김기림문학상 본상 수상.

시집 《여자가 씨를 뿌린다》, 《삐비꽃이 비상한다》, 《꽃에게 묻다》, 《빛의 정釘에 맞다》 외 공저 다수.

별이 뜬다

김 두 녀

나와 그 사이에
별이 뜬다

시선이 가는 곳마다
뜨는 발 빠른 별

내 몸 속에도 들어간다
머리에 마음 한가운데에
그래서 가슴 아린 별

손톱 발톱에도 뜬다
빠알간 꽃잎으로 뜬다

휴식

김두녀

창공을 가르던

제 몸 빨갛게 물든
늦가을 잠자리 한 마리

알알이 여문 연밥 위에 앉았다
미동도 없이

오랜 친구인 듯
서로 말이 없다

꽃길을 걷다가

김 두 녀

진달래 능선을 타다가
벚꽃길을 걷다가
아카시아 꽃길을 간다
꽃은 피고 지고

왕소금을 뿌린 듯
까치가 가로막던 그 길을 걷는다
씁쓸한 내 사랑도 피고 지고
온갖 새들의 노래도 지고 핀다

풀 냄새가 나서
사방을 두리번대니
소복 입은 찔레꽃 작은 꿈 펼침

슬픔도 피고 지는 것을

김무영

거제문인협회 회장, 거제시청문학회 회장 역임.

경남문인협회 이사. 한국문인협회 문단정화위원,

한국시인협회 회원, 계간 『착각의 시학』 편집위원,

한국착각의시학작가회 경남 지역 회장. 한국창작가곡협회 회원.

거제예술상 외 수상.

시집 《그림자 戀書》. 작품집 《황칠》.

아가새

김무영

하늘을 날다
문득 호수에 던져진 파문
운명일까
눈빛 조차 이상을 닮은 아가새
보고 있다
풀잎 이슬 담아
태양빛 어둠 헤치고
엄마 엄마
믿음으로 오고 있다
내 조상의 역사가 차곡차곡
쌓아 온 빙하를 깨고
갓 피어난 연꽃보다
청순한 아가새
오고 있다

동백꽃

김부영

저물어 가는 가을
동백꽃 한 송이
떨어진 낙엽을 줍고 있다
마지막 잎새의 고독을 위하여

황량한 광야에 홀로 설움을 벗고 섰다
만물이 생동을 멈추고 잠드는 날
때가 되어도 꺼지지 않는 생명을 위해
빛을 발한 지구의 고독을 위해

시리도록 연명하고 섰다
잎으로 가려 뽐내지 아니하고
때로는 가련함으로 모든 스러져 가는 것들을 위하여
빛을 쏟고 있다

그는 동박새 유혹도 접고 자신을 태워 오직
세상의 평온을 위하여
그윽한 품에도 자신을 불살라
엄동설한 내내 새봄꽃을 피우려고 있다

나의 시

김무영

가지 않아도 될 길 위
땅바닥 따라 내버려진 언어를 찾아
저주 뻗대던 가지

가지 덤불 헤쳐
황홀의 잔 가운데
단 한 모금을 위해 목숨을 던진
새가 되어

언제쯤일까
징으로 쳐도 부서지 않는
카테고리

죽어서야 다시 태어날
영혼

김미순

1987년 『문학과 의식』 등단.

부산문인협회부회장, 부산여류문인협회회장, 해운대문인협회회장 역임.

현) (사)부산시인협회이사장, 한국현대시인협회이사.

부산문학상 본상, (사)부산시인협회상 본상, 한국해양문학상 최우수상 수상.

시집 《바람, 침묵의 감각》, 《선인장가시, 그 붉은 꿈》 등 10권.

동백섬의 봄날

김 미 순

너 있던 자리
아슬아슬 외로움만 출렁거려
빨갛게 노을 속으로 뛰어드는
한 계절의 몸짓만 뜨거운 이곳

두근두근 실핏줄 붉음으로 물들어
추운바람을 통과한 속내 환한 노랑 씨방
한 겹 한 겹 저며 모은 가슴 저린 동백꽃

설렘 반짝이던 바람의 모서리
그냥 툭, 툭, 내려놓는
울컥 쏟아져 내리는 서러운 봄날이여.

빨간 커피 잔

김미순

두 다리를 뻗고 앉으면
탁자 위 빨간 커피 잔
기다렸다는 듯
와르르 꽃송이들을 쏟아 냅니다

그 자리 가득
하루를 넘어온 달빛이
넘칠 듯 찰랑입니다
나의 이별, 너의 사랑
시리게 출렁이는 영혼들의 여정이 붉어지는。

건널목에서

김미순

노랑주의 등 왔다갔다
차단기 내려지는 건널목에서
우리는 마주 달려온 호흡
잠시 멈추어야 하리

생미역 냄새로 달려 다니는
두 칸짜리 동해남부선
잠시 눈빛 맞춘 낯선 얼굴
무심히 지나가고
철길은 긴 그림자로 그냥 남듯

만나고 헤어짐은
흔들린 풀잎처럼
늘 제자리인 것 처럼 보이는
세월,
그 남음으로。

김석림

충남 당진 출생. 1997년 계간 『믿음의 문학』 등단.

시집 《어둠 후에 빛은 오리라》.

공저 《한길을 가는 사람들》, 《詩에게 말 걸기》,

《詩, 물구나무서기》, 《詩와 時 사이》, 《詩끌리오》, 《쉼,》 외.

한국문인협회, 한국현대시인협회 회원.

한국기독교문인협회 감사. 한국착각의 시학작가회 이사.

한빛교회 설교목사.

산상수훈 · 1

김석림

하늬바람 눈뜨는 우이동 골짜기
4월이면 어김없이 찾아오는 불면증 끌어안고
절뚝거리며 일어서는 진달래꽃을 보라
삼각산 아슬 다듬고 태고의 생기 품은 고깔제비꽃
풍상에도 꺾이지 않는 시리도록 투명한 미소를 마주하라
변변한 이름도 얻지 못한 채 끈질긴 목숨 연명하는 잡초
땅의 풍식(風蝕)을 막아 옥토로 가꾸는
소중한 땀방울을 기억하라
수목들과 풀꽃에 얹혀 살아가는 곤줄박이, 접동새
일용할 양식으로 풍족한 피조물의 감사기도를 들어라

그러므로 한 날 괴로움은 그날에 족하니
내일 일을 위하여 염려하지 말지니라

자 화 상

김 석 림

독자보다 배부른 문인은 되지 말자고
스스로 아프게 채찍질하며 낡은 기타 끌어안고
행복하게 별을 노래하던 청빈한 시인

지하철역 구석진 자리
골판지 위에 풀어놓은 노숙인들의 한기(寒氣)
온몸으로 부둥켜 안고 눈물짓던 고독한 수도자

세속에 묻혀 속절없이 눈가에 검버섯 돋아나고
빈들에서 하늘의 소리 외치던 세례요한처럼
모가지도 드리우지 못한 채 부끄러운 목숨 탕진해왔구나

형체도 없는 시간에 쫓겨 가위눌려 살면서도
그래도 자유로운 날개를 지닌
그래서 매정하게 뿌리칠 수 없는 아, 애증의 내 동반자여

새 아침을 여는 기도

김석림

새해 아침은 동해의 추암촛대바위에서
열리는 것이 아니거늘
골고다 언덕 멈춰진 시간이 재생되는
거룩한 십자가 앞에 무릎 꿇고
새 아침을 맞게 하소서

오늘 한 날이 인생의 첫 날 되게 하소서
그리고 마지막 날 됨도 깨닫게 하소서

어머니 정갈한 새벽기도로 열린 싸리문
텃밭 엉겅퀴 솎아내며 쏟는 땀방울로
뿌리는 천국의 씨앗
튼실한 아름드리 나무로 자라나
둥지 잃은 새들
그 풍요로운 가지에 깃들게 하소서

김성범

서울 출생. 『착각의 시학』 신인문학상 시 당선.

전국 한국화장품배 4행시 쓰기 대회 장려상,

박경리 선생 9주기 추모기념 전국 백일장대회 대학일반 장려상 수상.

미스터쫀득이 대표.

닭똥집

김성범

안동에 공부 하러간 오빠는 안동 찜닭되어 돌아왔고
페리카나 친구 됐다며 좋아하던 첫째는
양념반 후라이드 반 되어 돌아왔네
춘천가서 성공 했다던 둘째는 닭갈비 됐다는
소식 전해지고 태어나자마자 계란후라이로
떠난 셋째 생각에 아침부터 꼬끼오 울었다.
나는 지금 반신욕인줄 알고 들어간 탕속에서
고아져 백숙이 되어가고 있다.
아침에 더는 울지 못하니 알람 맞춰 놓고
주무십시오 똥집 기증하고 갑니다
안주하며, 술 한 잔 기우리며 기억해 주십시오

나무

김성범

내가 당신을 기다리면
당신이 오지 않을 것 같아
내가 당신에게 다가가면
당신이 부담스러워할 것같아
내가 당신을 포기하기엔
당신을 너무 사랑하기에 서성인다.
그러기에 당신의 곁에서 당신 앞에서
당신 뒤에서 나는 서성인다.
나의 서있음이 그대에게 그늘이되어
나는 그냥 서있는 것처럼 보여도
나는 더 이상 그 이상 축복한다.
이런 내 머릿속에서 은종일
당신도 서성인다.

삼겹살

김성범

수줍게 고깃집에 앉아
아삭아삭 비오는 소리를 듣다가
등한시했던 삼겹살 굽는 소리가
의외로 빗소리를 닮아 있다.

절뚝거리는 마음과
낡아가는 생각을 구워

인생의 아픔이 한 겹
사랑의 아픔이 한겹
마음의 아픔이 한겹

익어가는 삼겹살 한 겹과
넘어가는 소주 한 잔에 젖어
내 몫으로 정한 고독단신
충만감 가득 귀갓길에
널브러진 달빛을 밟는다.

김수노기

경기도 양주 출생.

한국문인협회 회원, 동두천문인협회 회원,

한국착각의시학작가회 회원.

내게 부는 바람

김 수노기

무심히 나선 길이
어느 새
네 언저리이고
설 자리 없는 네 곁을
바람으로 오가다
널 마주치면
넌 껍데기 뿐인 걸
그래도
널 향한 마음이
늘 내게 있어 다가 선다

넌 내게 뜨거운 사람

빈 깡통

김 수노기

보이지 않는 바람조차
이겨 낼 힘 없어
아스팔트 위를 뒹구는
빈 깡통 하나 있다

누군가
단 한번의 입맞춤에
오장육부를 털어주고
버림 받은 네 신세라

데굴데굴 뎅그렁
이는 바람에 밀려 다니다
누구의 발끝에
그 생을 집 지울꼬。

풀을 뽑다가

김 수노기

마당가에 풀을 뽑다가
한사코 뽑히기를 거부하는 풀 뿌리를
호미로 캐는데
본의 아니게
정말로 본의 아니게
지렁이 한 마리를 두 동강 냈다

치열하게 몸부림치던 그 놈이
온 종일 눈에 밟혀
속을 끓이고

잠자리에 누워
하루를 되새김 하는데
그 놈보다 더 치열하게 몸부림쳤던
내 생애 어느 한토막이 떠 올랐다.

김영미

2003년 『문예사조』 시 등단.

한국착각의시학작가회 이사.

2009년 시집 《지렁이는 밟히면 마비된 과거를 잘라버린다》 외 공저 다수.

한국문인협회 경기 광주지회 9대 지부회장 역임.

착각의시학 제1회 시끌리오문학상 수상.

기억 소환장

김영미

숲 저쪽
울지않는 바이올린이
내 기억스위치를 가져갔을까
마른 장마에 구름도 품절 되었다
소낙비 한바탕 쏟아지면
그 비 온몸으로 복사해 대던
양철지붕의 고단한 필사가 생각난다.
아버지 농경속에서
상처입은 농기구가 있던 그곳은
잠시라도 한눈팔면 암실이 되고마는
추억의 유배지라
숲을 떠나르던 아버지 지게가
기억의 간이역을 후끈 달군다.
개울물이 불어나면 나를 업고
학교가는 길 열어주던 아버지
먹구름 드리운 세상 향한길이 막막해 질때
허공의 문고리 잡아당기면
든든한 그 등을 만날수 있을까

숲을 빠져나온 바이올린이 구름현을 켜며
내 안으로 들어선다

2013. 8. 28

붉다는 건

김영미

한 계절이 붉은 칩거에 들어간다.
새콤달달한 안부가 저울 밖으로 떨어지는 사과밭
봄의 첩자가 은신하던 씨앗은
칠월의 태양과 별들의 노래가 어우러진
꽃의 화석이다
꽃의 과오가 아닌
열매가 되지 못한 것들은
별들의 방심이었다
그 폐허를 거치지 않은
오늘도
유폐된 꽃의 언저리에 세상의 허기들이 쌓인다
주름 같은 늙은 길에서 태양이 떨군 심장을 줍는다
무너져 가는 이름들 사이
걸어간다
찬망스런 기억의 사과밭을 걸어간다
나무아래 개미의 길에는 사과꽃이 있었고
개미들 발자국이 꽃으로 피어나던
숨막힌 행보를 당겨 본다
꽃신 벗어 놓고 사라진 것들이 궁금해 지는데
열매는 꽃에 대한 가장 오래된 상속자 라고
누군가 말한다.
과육을 깨어 문 붉은 가슴에
사과꽃이 핀다.

2018.10.03

동지

김영미

12월이 죽었다
한줌 햇살도 허락되지 않던 음지
눈뜨면 생생하게 되살아
알 수 없는 소멸의 빛이 못질하는
야광의 날들
틈새로 새어들던 물세례와
물소리 걸러낸 어둠 속에서
투명한 음표들이 비상의 깃 친다
꿈을 꾼다는 건
증명할 수 없이 깊숙이 뻗은
뿌리의 알리바이를 헛짚는 일
햇빛이 콩나물과 눈맞춤 않고 즉사한 12월,
밤이 낮보다 길다는 눈내린 거리는
봄을 예열중이다
너와의 어둠이 길게 드리운 날
한마디 위로 대신 봄햇살 그득 담아
시렵도록 시원한 물 한바가지
콩나물에 쏟아 붓는다
어둠 속에선 음표들이 발돋음하며
숨 고르는 중.

2020.12.21 동짓날에

김우영

계간 『착각의 시학』 만첩홍매 외 4편으로 신인상 등단.

『시와산문』 회장, 순천문인협회 사무국장, 순천문인협회 이사 역임.

한국문인협회 회원(현).

빨대

산낙지에 소금을 뿌렸다
힘 센 운명이 참 얄궂다
손등에 엉겨붙는 빨판들

먹이 사냥에 지쳐 돌아온 어미젖을
본능으로 빨던 젖먹이의 힘
어린것도 열오기가 되면
어미랑 눈맞추고
손가락을 어미 입에 넣고
해작질을 하지
이 인사 몸 빛깔 바꾸더니
안간힘을 다해 보내던
수화도 접은걸 보니
소금물에 배가 불렀네.

김 우영

인연

바람의 몫이라 하자
어느 한 빛깔로만
우리 만났겠나
그리움 갖고 살다 보면
그 사람 오고
사람을 마시며
갈대꽃 핀 논을 뒤로
은어떼 몰고
맑은 물소리 내며
나는 넓어져 있고
그는 깊어져 온단다.

김 우영

엄마, 하고 부르면

엄마, 하고 부르면 등이 가렵다
아무렇지 않게 널린 물건들의 손짓이
어머번냥 눈에 밟히는 십이월
산다는 것은
천지에 풀린 강물 같지 않다는 걸
십이월이면 안다
꿈조차 곪아다 마랑한 삶들이 모여
하마트면 뚝 하고 떨어질
풍선초 같은 달의 뺨이 얼고
맨손으로 일년의 생의 지도를 찍는 동안
손과 발등에 금이 가고
땀을 나눴던 바람도
냉정히 돌아서는 십이월
아직 직립보행이 서툰 나는
고단한 시간에 쉼표 대신
쿡, 메이는 엄마의 삶을 가꾼다.
엄마, 하고 부르고 싶은 십이월에

-김우영-

김철규

시인, 수필가, 칼럼니스트.

사)한국문인협회, 사)국제pen한국본부 회원.

한국수필가협회 운영이사.

전북시인협회 상임이사, 전북수필가협회 운영이사.

전북예총 하림예술상, 문채문학상, 착각의시학 문학상, 세종문학상 외.

수필집 《인연》 외 10권. 시집 《내 영혼의 밤섬》 외.

백합꽃 한 송이

김철규

이름 모를
두메산골 바위틈에
임 그리는 마음
백합꽃으로 피었는가

작열하는 태양을 담아
구름 타고 바람 따라
임의 숨결 더듬는가

사랑의 열매를 그리는
아!
환희의 백합꽃 한 송이

달궈진 사랑

김철규

뜨거운 사랑은 녹지 않습니다
마음의 씨앗이 있어서

빙하의 영롱한 사랑은 변하지 않습니다
투명한 마음이 있어서

차돌의 사랑은 부서지지 않습니다
세찬 마음이 있어서

일엽편주의 사랑은
전복되지 않습니다

새만금 장르

역사는 바람처럼 흘러가면서
우주에 흔적을 남긴다
사람의 영혼도
미세먼지도
인간사 흔적을 남긴다

한반도 역사는 지구본이다
창조의 잉태를 안고
물결이루는 바람처럼, 구름처럼
대지의 조화를 이루는
역사의 어머니다

서해안의 천지개벽은
한반도에 새만금 역사를 잉태한다
우람한 세계지도에
새만금 장르는 동북의 동반자며
역사의 표상이다

김행숙

경기도 파주 출생. 1995년 『시문학』으로 등단.
시집 《멀고 먼 숲》 외 5권. 시선집 《우리들의 봄날》, 《적막한 손》.
영역시집 《As a lamp is lit》. 수필집 《바다로 가는 길》.
김기림문학상, 한국기독교문학상, 이화문학상,
『창조문예』의 아름다운 문학상 수상.
착각의시학 편집고문. 한국문인협회건립위원,
한국현대시인협회이사, 한국여성문학인회이사,
한국기독교문인협회부회장, 이대동창문인회 부회장.

봄 바람

김행숙

꽃잎들이
어둠 속에 가라앉는 어스름
봄바람 부네

아카시아 보랏빛이리
달콤한 바람

날개에 화분 묻힌 꿀벌이
암술에 기대 잠든 저녁

봄바람에서는
꿀내음 스치네

거미

김행숙

아파트 베란다 방충망에
작은 거미가 산다

거미 눈에는 무엇이 보일까
방충망 이 공간에 갇혀서
서서히 시들어 가는
내가 보일까

시간과 공간이 일그러져서
조여 들고 있는게 보일까

절명絶命의 시

김행숙

내 마음은
추수 끝낸 가을 들녘이다

무한허공
안식처도 없이 헤매는
철새의 울음이다

흰 종이 한 장에
평생 걸려 쓰고 싶은 것은
하늘에 계시인 듯
깊고 낮게 떨리는 말씀

절명의 시
한 구절이다

김현찬

한국문인협회, 국제펜 한국본부 회원.

착각의 시학 회원.

서초 수필, 현대 수필 문학회 회원, 이사.

기독 시인 협회 회원.

김소월 문학상, 한국 창작문학상 수상.

시집 《수줍은 자화상》. 수필집 《삶의 정원 거닐며》.

세월

김현찬

내 사는 시간 때로 눈 덮힌 첩첩산중
눈보라 바람이 옷깃을 휘몰아치고
움츠린 뒷덜미가 한없이 추워라

아름답던 가을은 한폭의 그림인가

그대 기다린 오색 무지개가
신의 오묘한 마음 하나로 돌아가는 갈랫길

내 가는 길 낙엽지는 고즈넉한 길이어라

파릇파릇 피어나던 아스라한 삼라만상
가느다란 지푸라기 희망의 움직임
개나리 진달래 나를 부르고 있는 언덕

환희의 나날은 구름 속 소나기

거울에 비쳐진 벌판에 메우지 못한 밭이랑
검은 풀숲 여기저기 뿌려진 하얀서리

아직도
내마음은
녹음방초 우거진 벌판이어라

보이는 것

김현찬

나무잎 우거져 전설이 숨고
산과 강 바다 건너
한 정거장 지나 또 한 고개
달린다 달려간다 쉬면서 간다
열차와 버스는 종착역에 회차하고
지난 길 돌아올 고향 집 보여도
보이지 않는 긴 여운 남기며 간다
볼수 있는 동안 꿈틀거리는 삶
가장 중요한 날은 오늘

수줍은 자화상

김현찬

구부러진 가지에 대롱대롱 까치방 하나
바람도 핑핑 희롱하며 지나가고
오가던 철새도 저마다 희희덕 거린다
파아란 하늘 가녀린 흰 구름만 미소 짓는다
어느새 잎지고 잿빛하늘 푸석거리고
빛잃은 태양은 흰눈속에 파고들고
엄동설한 찬바람이 마디마디 스며든다
두꺼운 얼음밑장 시냇물은 살아있고
복수초로 엇갈린 철모르는 할미꽃이
사철나무 아래 살짝 숨어 내다본다

너울너울 그리움은 솟대되어 하늘로 올라
손뿌리친 산형으로 펼쳐진 붉은 얼굴
그 이름 상사화려니 체념하며 산다

김도남

본명 김갑승. 전남 장흥 출생. 계간『착각의 시학』시 등단.

한국문인협회 회원, 한국착각의시학작가회 회원,

장흥 별곡문학 회원. 을지로 시동인.

공저《詩 물구나무서기》,《詩와 時 사이》,《詩끌리오》,

《모국어 외상장부》,《쉼,》.

동인시집《빈 젖, 그 비탈진 그리움》,《그 숲에서 향기를 듣다》.

보리의 꿈

도남

겨울은
시어머니처럼 차갑지만
사랑할 수밖에 없고
시누이처럼 얄밉지만 가슴에 품었다

엄동설한
햇살 한 아름 금빛 채우고
달빛으론 여러 아름 향 채웠다

시집살이보다 더 무서운 보릿고개 시절
황금빛 보리밭
눈에 넣어도 아프지 않은 내 자식이다

허기진 가족의 행복이 담긴
보리밥 한 그릇
눈녹듯 사라지는 아픈 기억들
어디, 나만한 보석이 또 있으랴

빛 바랜 흑백사진

도 남

옛날 시골집
넌지시 웃고 있는 어머니 아버지의
젊음이다

눈 마주친 순간 채기를 느낀 듯
긴 한숨 토해내며 하늘을 본다

요동치는 심장이
목울대 밖으로 터져 나온다

서렬 낭자한 그리움
노을빛에 서럽게 타들어 간다

달동네 가로등

도 남

술에 취하지 않고는
살 수 없는 한 주정뱅이가
오늘도 혀가 꼬인채 고래고래 소리 지르며
조용한 골목길을 흔든다
꼬인 세상사 술에 섞어 마시고
굽은 골목길을 주식 차트처럼
오르락 내리락하다
느닷없이 노래를 부른다
"타향살이 몇해던가 손꼽아 헤어보니"
그러다가 운다
누구 한 사람 내다 보지도 않고
시끄럽다고 시비거는 사람도 없다
주정뱅이의 눈물에 젖어드는 달동네
달빛에 그을린 가로등이
주정뱅이 안고
비탈길 밝히고 있아

김가론

경북 상주 출생. 계간 『착각의 시학』 시 등단.

한국문인협회 회원, 한국착각의시학작가회 회원. 을지로시동인.

공저 《詩, 물구나무서기》, 《詩와 時사이》, 《詩끌리오》,

《모국어 외상장부》, 《쉼,》.

동인시집 《빈 젖, 그 비탈진 그리움》, 《그 숲에서 향기를 듣다》.

나이 오십

민채 (가론)

삼십분이 지나도 버스는 오지 않았다
손수건으로 땀방울 훔쳤다가
부채로 식히기를 반복
허기 느끼는 몸뚱아리는
깊숙히 젖어오는 체온 느낀다
몇 군데의 병원을 다녀 봐도
병명은 나타나지 않았다
초록의 폭염은 폭포를 이루고
초가을 날씨는 이상 기온이다
빠르게 달려가는 버스 안
창가에 앉은
또 하나의 그녀
허락 같은 핑계로
오십이라는 숫자와 동행을

삶의 선호

민채(가른)

바람이 쓸리는 날
나뭇잎은 햇살에 뒹군다

벌겋게 맨살 들어내고
휘어지는 갈피마다
들끓는 아픔
거미줄에 걸린 가을 하나
속 들어내며
똑같은 일상 없음을 안다

가려진 낮달에 우는 가슴
허공에 내걸리고
따다른 골목이 내어준 삶
畏敬(외경) 삼키며
흔들리는 유혹 버틴다
빛나는 세상 향한
고단한 몸
가을은 그림처럼 지나
겨울이

여자의 방

민채(가론)

쏟아지는 파란 빛
여과없이 가슴을 관통한다
마음의 나이는 어긋난 시선에
설익어
마른 낙엽 위에 몸을 던지고
도무지 알 수 없는 향기
실눈으로 속을 다 태워
이파리 물들이는 찐한 가을
순간으로부터 영원하기를
마른 바람에 이르며
또 하나의 문턱을 넘어선 계절
삶의 쉼표와 느낌표를 반복하듯
오롯이 맞추어 가는
성숙함이 지극하다.

문용식

2017년 계간 『착각의 시학』 등단.

한국착각의시학작가회, 솜리문학회, 익산문인협회 회원.

마음의 창(窓)

문용식

매일 보는 길거리도
카메라 렌즈를 통해 보면 새롭다

세상을 바라보는 눈이 달라지면
보이지 않던 것들이 보인다—
카메라도 광각(廣角)으로 보는 것과
망원(望遠)으로 보는 풍경은 사뭇 다르다

산삼(山蔘)을 찾는 사람의 눈에
산의 아름다운 풍경이 보일리 없다
세상은 마음의 창(窓)을 통해 보여진다
지혜(智慧)의 눈을 밝혀야
세상(世上)이 바로 보인다—

물

문용식

물은 세상의 더러움 씻어 안고
낮은 곳으로 흐른다

담기는 그릇 따라 모양 만들고
뿌리에 닿아
온갖 생명(生命)을 살린다

물 있어 세상(世上) 있음에도
낮은 곳으로
더 낮은 곳으로 흐른다 —

월척(越尺) 낚시

문용식

동터오는 고요한 새벽녘
밤새 말뚝 같던 찌가
슬금슬금 올라오다 넘어진다

챔질의 순간 묵직한 손맛에
깨어서 기다리던 꾼의 얼굴에
흐뭇한 미소 피어난다

민이숙

계간 『착각의 시학』 시 등단.

한국문인협회 회원, 동두천 문인협회회원,

한국착각의시학작가회 회원.

마늘 집 딸

민이숙

아버지
세월이 흘러도 그립다
직장 사표내고
서울로 상경하셨다

경동시장에 시작한 마늘 도매상
장사 무경험
졸지에 마늘 도매상 집 딸이 되었다

주말엔 어김없이 둘러앉아
뽀얀 속살 보는날
데이트는 마늘까며 했지요
손끝이 쪼글쪼글 해지도록
이층집 마루가 그리운 날

수입 마늘이 나오면
장아찌 담글 때로구나
아버지가 알려 주셨잖아요

입학식 날

민이순

산 골의 삼월
매섭도록 차가운 바람
얼굴을 베빈다

한 시간 남짓 걸리는 학교
언니 따라 갔다와
난 설렘이 커
엄마 동행하지 않음이
서운치 않았다.

어렸지만
난 목표가 있었다
그때가 인생 시작이였어

긴 손수건 가슴에 달던 날

사는 게 다 그래

민 이 숙

우리가 만난건 시간이 계산되진 않아
초심이 흔들리고 바람 앞 촛불처럼
상처를 핑계 삼아 불안한 생각으로
살아온건 아닌지 뒤 돌아본다
사람과 사람 사이
변함이 없는 이유 믿음이 있어서지
바람의 느낌이 며칠 전과 확연이 다르듯
마음도 비 오듯 눈 오듯 하는것
볕양에 말린 수건에 두 손
기분좋게 닦아내자

박두련

경남 사천 출생. 『시대문학』 시 등단(1999).

한국작각의시학작가회 이사.

작품 「여울」 외 다수.

공저 《詩가 아프다고 말할 때》, 《詩에게 말 걸기》, 《詩, 물구나무서기》, 《詩와 時 사이》, 《詩끌리오》, 《모국어 외상장부》, 《쉼,》 외 다수.

기다림

박두련

새벽녘
달빛을 보고
돌아 누웠습니다
산 같이

손을 잡아 주지 않아도
해처럼 돌아 오리라는
기다림에
시간을 태우며
난 여태
묵언으로 살았습니다.

제비꽃

박두련

날 건드리지 마
날 밟지 마
작다고 무시 말고
예쁘다고 꺽지 말고
덥수룩한 풀 섶
고만고만 하게 피었다고

내게,
눈 맞춤 하려면 허리숙여
난 天上天下 유화독존
낮에는 햇살 받으며
밤에는 달빛 받으며
별 빛보다 찬란한 나의 노래
내게 섣불리 다가오지 마
꽃, 볼, 맞을래.

님은 회복중

박두련

하늘은 내 마음을 아는지
아슬방울 되어 풀잎에 맺혀
떨어질까 아둥바둥
긴 세월
가로수 숲을 빠져 나오고 있다

말없이 고개 떨군 할미꽃 처럼
배시시 미소로 살짝 답한다

509호 호흡기내과 生命의 갈림길
구름처럼 서러운 꽃이여
물거품 처럼 찢어져 흘러내리는
하얀 그림자
눈물로만 견디었나 싶다

눈앞에 선연한 님이여
두손 잡은 채온 호흡으로
한줄기 빛으로 내안의 그림자 되어
연어처럼 빛나고 있다,

박정현

계간 『착각의 시학』 시 등단.

전북대학교 간호학박사. 초등교사. 한국시치료학회이사.

나무

박 정현

너는
온전히 맨몸으로
서있구나

나는
걸친게 많아
삶이 무겁구나

동지 팥죽

박정현

동지가 다가온다고
어머니는
냉동실 깊숙이 박혀있던 팥을꺼내
푹 삶고 체에 걸러 으깨어 내린다
팥물이 엉어져 걸쭉해진다
시간이 지난 자리에 팥 앙금이 가라 앉는다

친절했던 마음보다
허탈했던 마음이 더 남고
고마웠던 마음보다
섭섭했던 마음이 더 남는다

미워했던 마음보다
사랑했던 마음이 더 남고
서운했던 마음보다
좋아했던 마음이 더 남는다

팥을 젓이기던 팥에 선명한 팥줄이 선다
나무 주걱을 휘저으며
팥물을 끓이고
시간을 끓이고
애증을 끓이고
앙금이 풀려 곱게 익어간다

팥죽속 하얀 새알심이 하늘을 먹는다
나는 한 세월을 먹는다

인간은 어떻게 사는가

박정현

골목길에 굴러다니는 쭈그러진 (캔커피)처럼
작게 구부러진 몸을 휠체어에 의지한 채
눕지도 앉지도 못하고
곱추등처럼 튀어나온 어깨에
머리가 파묻히고 가슴은 배에 닿아있다
창백하고 조그만 맨발이 한 여름인데도 시렵다.

여기가 어딘지
옆에 서 있는 사람이 누구인지
내가 누구인지조차 구별하기 어려운 듯
살 수 없는 이 生
공허한 눈언저리엔
눈물자국이 얼룩져있다.

우리어머니 104살이오
검은머리 장성한 자식이
누구도 묻지 않았는데 큰소리로 말한다
자랑인지 원망인지 모를 소리에
고생 많았소 라고 말해야 할지
오래 사셨네요 라고 말해야 할지
오래오래 행복하세요 라고 말해야 할지

박홍균

서울 출생. 계간 『착각의 시학』 시 등단.

한국착각의시학 작가회 회원.

2017년 착각의 시학 특별상 수상.

공저 《詩가 아프다고 말할 때》, 《모국어 외상장부》, 《쉼,》 외.

시집 《여백의 길》.

가치

박홍균

가치를 알고
가치를 염려하는
가치
대단찮은 것조차
높혀지는
가치 기준

염려는
염려에 빠져
가치를 상실하네

우리 되는
가치
닮고 가네

오려니

박 홍권

아득한
그 날을 위하여
꼬득이네
과거가

마냥 일것 같던
어제
순식간에
지나 가고

또
오려니
기다리는
맹추

속내

박홍균

쑥 스러워서
말 못하고
머뭇거리길
수 차례

이제는
더러
터 놓고
말할 수 있으련만

아직도
더듬거리는
덜 익은
속내

방지원

서울 출생. 1999년 『문예한국』 등단.

시집 《한 고슴도치의사랑》, 《비단슬리퍼》, 《달에서 춤을》, 《짝사랑은 아닌가봐》, 《치즈가 녹기 시작하는 온도》.

시선집 《사막의 혀》.

김기림문학상 대상. 계간문예문학상 수상.

착각의 시학 편집고문. 김기림문학상 운영위원장.

국제펜한국본부 이사, 한국문인협회 이사 역임.

한국시인협회 회원, 숙명여대문학인회 회원.

한국가톨릭문인회 부이사장.

사막의 혀

방지원

모래 폭풍이 지은 붉은 도시에 갔었어
한을 품고 떠난 이들이 산다는 곳
예리하고 고운 사막의 혀를 세워
기묘한 신들의 세상을 만들었다던
문득 태양이 지는 쪽 비탈에
아버지가 보였어

허공을 향한 바짝 마른 혀에
열두권 이야기 책을 얹고
햇살 다른 나라의 낙타를 타신
아버지 차가운 혀를 녹여 드리며
울지도 못했어.

숲 편지

방지원

바람이 이렇게 단맛인줄
몰랐습니다 굴참나무 신갈나무
층꽃 점잖은 산이 차례로
반겨줍니다 숲속에 길을 내고
사랑하는 사람의 이름을 불러
봅니다 계곡에선 친구들 멱감는
소리 눈부신 햇살 저쪽
어머니가 보입니다
차츰 나무처럼 살이 오르고
날개가 돋으려나 봐요.

사무친다는 것은

방지원

사무친다는 것은
가슴속에 고개 외로 꼬인 사람하나
품고 사는 일이다

뼛속 깊이 혈관 속까지 차지하고
들앉은 그를 상상하는 일이다

사무친다는 것은
군내 나는 입 우물우물
온몸 뾰족이 가시 돋우어
박하향 피워 올리는 일이다.

성진숙

월간 『문학세계』 등단(1994년).

전북시인협회 부회장, 한국문인협회 무주지부 회장 역임.

한국문인협회, 대전문인협회, 전북문인협회 회원 외.

현) 전북시인협회이사, 사)한국문화예술연대 이사.

시집 《이 조용한 시간에》, 《아침의 반란》 외, 공저 다수.

제13회 열린시문학상, 제12회 세계문학상 본상 시 부문 수상.

지금 하고 싶은 말
감사해요
오늘 하고 싶은 말
고마워요
늘 하고 싶은 말
사랑해요

성진숙 시 말

달맞이 꽃

지질하게 비가 내렸다
마음마저 질퍽해진 날
눈앞에 펼쳐지는
산수화가 보고 싶어 그곳에 갔다
길섶에 즐비하게 늘어선
달맞이 꽃 달빛 기다리다
이창에 프로포즈라도 하듯
황금빛 화살을 쏘아 댄다
안개비는 내리는데
질펀한 내 가슴에
꿈에 본 듯 수채화 한 점
커다랗게 매달려 있다

하은 성건숙

홀불

기다려도
기다려도
기차가 오지 않는다
역무원도 마실 나가고
텅 빈 서도역
숨죽여 눈감으니 단칸방만한
대합실에 효원의 꽃청춘이
쉬어가고 철길따라
유학가던 강모의 꿈이
재잘재잘 그때
그 이야기로 소란하다 모두 다
가고 없어도
기차가 오지 않아도 홀불로
남아 가슴 뜨겁게하는
아름다운 서도역

성진숙 시 · 서도역

송승태

『아동문예문학상』 동시 당선.

종합문예지 『착각의 시학』 신인문학상 시 당선.

한국작가회의 정회원.

포토시집 《푸념 끝에 희망》, 그림동화 《책 보러 왔어요!》.

엮은책 《별난 세상 별난 이야기》.

동인집 《꽃들도 하늘을 날고 싶다》 등.

애벌레

송 승태

소리 지르지 마
찡그리지 마
내 갈 길 가는 것
네가 멀리 못 가
주저앉을 때도
나는 내 갈 길 가는 것이다

침 뱉지 마
함부로 발 놀리지 마
내 갈 길 가는 것
네가 지쳐
길바닥에 누울 때도
나는 내 갈 길 가는 것이다

온몸 구부리고 떨면서
빛을 향해 가는 것이다

모스 부호는 없다
-기생충

송승태

전등이 깜빡거리고 있어
오래전부터 그래왔지만
사람들은 모르고 나는 알지
내가 보내는 것이기 때문에
아마 누군가도
이미 수많은 사람들이
지금 이 시간에도
신호를 보내고 있을 거야
하지만 도시의 화려한 불빛은
그 안타까운 깜빡거림을
간단하게 묻어버리지
절망적인 건
신호를 보내는 사람들조차
자신의 신호에만 몰두할 뿐
누군가의 발신은 외면한다는 거야
때로는 다투기까지 하면서
그래서 눈부신 도시의 불빛엔
깜빡거림이 없어
있다면 번지르르하게 포장된 누드
파티 후 남겨진 잔돈

숨바꼭질

송 승태

순 반칙쟁이야.

숨기도 전에 따라오고
기껏 숨으면
어느새 머리 위에 와 있어.

내가 술래 하면
구름 속에 숨어 안 나오고

이제 안 한다고 하면
다시 나타나
계속 따라오지.

안 할래.
아무리 따라와도
달님하고는 안 할 거야.

辛夷

아호: 辛夷. 본명: 이은경

동두천지부 부편집장.

한국문인협회, 한국착각의시학 작가회 회원.

『한울문학』 시 부문 신인문학상.

『착가의시학』 수필 부문 신인문학상.

독서심리상담사.

동두천 시민 시 낭송대회 우수상.

시집 《1시 15분》.

연꽃

辛夷

주어진 곳이
청하든 탁하든
꽃을 피운다

뿌리부터 줄기까지
텅 빈 속대는 향기로 가득하니
비울 수 없어 채우지 못하는
어리석음을 일깨워 준다

바람에 흔들려도
벗 삼는 부드러움

기품을 잃지 않고
더러움 덮어주는
정화의 꽃

조화롭다

만추

辛夷

계절은
자신만의 빛깔로 익어간다

높아진 하늘만큼
낮아진 냇물 소리

봄 여름 쌓아놓은 화광을
펼친 화음으로 뿌려 놓으니
계절의 순환은 조화롭다

보이는 것과
마음이 만들어 내는 것
객관과 주관 다툼이 없어

가을과 나는
물아일체로 하나가 된다

백일몽

辛夷

도화꽃 그늘아래
나비잠드니
날리는 꽃잎 한 장
나를 깨우네

오래지 않은
님의 향기
누리 덮어 가득한데
꿈이었구나

떨어진 꽃잎 한 장
주워들고서
멀어진 그리움을
달래보다가

도화꽃 그늘아래
나비잠깨어
당신께 꽃말하나
적어봅니다

심명숙

2008년 『뿌리문학』 등단.

시인, 여행작가.

계간 『현대작가』·계간 『여행문화』 편집국장.

꿈

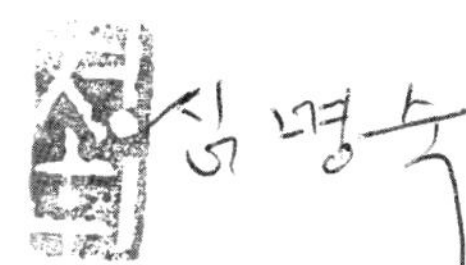

쉬지 않고
달려와 깨어보니
발버둥치는 꿈이었네

벌써 한 나절?

언제 속 채우고
지체 깔끔하게
여유로운 멋으로
길에 나설까

비밀

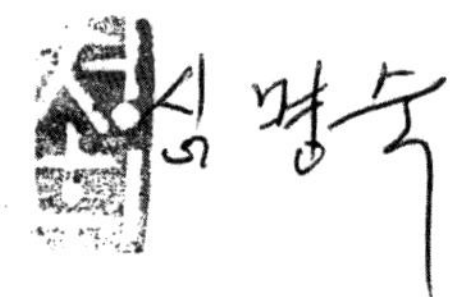

이른 아침
나비 한마리 날아와
이슬에 앉았다

잠에서 깨어난 새벽 강
수줍어 물안개를 벗지 못하는데

해가 뜨면 어떡해요?

눈꺼풀에 이슬이 마르면
꽃가루가 날리고 재채기가나서
눈에 눈물이 고이는데.

환절기

심명숙

아침 창문을 열자
귀로에서 기다리던 여름 끝
싸늘하게 지나는 바람에 잎 떨어지자
온몸에 흠칫 소름으로 핀다

매미소리 빈약한 계절 재채기는
어깨에 망토 두르고 텔레비전 켰다

정세는 언제나 갈지자 푸닥거리 소음
우황약 품절 사태가 벌어지고
콧물 재치기 심각한 우리사회
국민은 만성 알레르기로 몸살하는데

퇴행성 열공 진영에 갇힌 기회주의자들
어깨에 따스한 망토를 걸쳐주고 싶다 沈明淑

안재덕

계간 『착각의시학』 시 등단.

거제대학교(사회복지학과) 졸업.

방송통신대학교(청소년교육학과) 졸업.

서울사이버대학교 재학 중.

인생

늘 푸른 소나무
말없이 그 자리 지키며
당당하게 서 있습니다

세월 가 줄 몰랐는데
사람들은 나를
꼰대라고 말 합니다

자랑이처럼
몸과 맘이 버틸어져
웃고 울지도 못하는
모든게 참 철 하세옵니다

삶은
무지갯빛 같이고
세월은
돌아오지 않는 강입니다

느림의 미학

더듬이 끝에
눈을 매단 달팽이

손발이 없어도
배로 기어 쓰는 저 경전

천천히
천천히

오체투지로 가는 길
서두르지 않는다

미물인
달팽이도 철학을 품고 산다

버려진 자전거

외진 곳
철쭉 밭에 쓰러진 자전거 한대
두 바퀴가 헐렁하다

언제부터 저렇게 방치되었는가

쌩쌩 달리던 자전거
혼자서는 일어설 수가 없다
그 많은 길은 다 사라지고
둘러봐도 온통 철쭉뿐이다

이곳에
헌신짝 버리듯 방치해두고 오지 않는 이는
누구일까

어디선가 기어온 칡넝쿨이 칭칭 몸을 옥죄어온다

아무도 그의 이름을 불러주지 않는 외로움이
벌겋게 삭아가고 있는 뿐!

양회올

계간『신문예』시 등단.

한국문인협회, 한국현대시인협회 회원.

한국착각의시학작가회 이사.

공저《詩, 길을 묻다》,《詩가 아프다고 말할 때》,
《詩에게 말 걸기》,《詩, 물구나무서기》,《詩와 時 사이》,
《詩끌리오》,《모국어 외상장부》,《쉼,》외 다수.

개망초

양 회올

소나기 한차례
건너가는 한여름
푸른 들녘에

논두렁 밭두렁
텃밭까지

빈자리 자리마다
내차지인듯 차지한
윤동주의 "슬픈 족속" 같은
가난한꽃 아닌꽃
가만히 엎드려 살펴보면
왜그리 슬프기만 한지

나라 잃은 어진 백성의
뼈에 맺힌 한이되어

이골 저골 온세상
하얗게 울며 불면 피는
이름도 서러운 꽃아.

가을에는

양회올

밤마다
비좁은 내 꿈자리
자리마다

노오란 은행잎 한장
붙은 엽서가
내 머리맡에 날아듭니다

어제도
그제도
그 끄제도

이름도 주소도
사연조차 없는
노오란 은행잎 한장
붙은 엽서…

곰곰히 생각해보니
그건 아마도
내 무너지지 않는
기다림이 였나 봅니다

내안에 남은
불씨울인가 봅니다.

꿈

양회올

하늘이 높은가요
내꿈이 높았던가요

밤마다 푸른
내꿈이 하늘에
닿지 않는 까닭

저
청옥빛 하늘이
너무높아 그런가요

오늘밤
늦가을 비에

지나온 내꿈의 발자국
흔적없이 지워 버리고

나는 베게 끌어 안고
오늘밤도
그렇게
밤을 새운답니다

오현정

경북 포항 출생. 숙명여대 불문과 졸업.

1989년 『현대문학』 2회 추천완료로 등단.

시집 《지금이 가장 좋은 때》, 《라데츠키의 팔짱을 끼고》,

《몽상가의 턱》, 《광교산 소나무》 외 다수.

한국문협작가상, PEN문학상, 애지문학상,

숙명문학상, 김기림문학상대상 등을 수상.

숙명여대 취업경력개발센타 문예창작 강사, 한국문인협회 이사 역임.

국제PEN한국본부 이사, 한국시인협회 이사,

한국현대시인협회 이사, 한국여성문학인회 부이사장.

『착각의 시학』 편집자문위원.

오늘

오현정

지금 여기
그대 함께라면
오늘이
내 가장 좋은 때

동쪽 언덕이 건너온다

오혜정

당신이 오실까
물의 옷
불의 신발이
언덕을 오르고 있어요

행복에게 절 한다

오현정

해님이 희망을 주고
달님이 위로할 때

숲속에서 온 산들바람이
소곳음 웃을 때

사는 일이 해처럼 달처럼
예예 할 때

구름이 느티나무처럼 깊어져
별님과 힘을 주고받을 때

네가 와서
우리가 함께 걸을 때

원연희

서울 출생. 성신여대 미대 졸업.

계간 『문학과 현실』 시 등단.

한국착각의시학작가회 회원.

사인사색 동인, 방촌문학 동인. 착각의시학 동인.

제3회 詩끌리오한국작품상 수상.

동인시집 《별은 잠들지 않는다》.

공저 《詩와 時 사이》, 《詩끌리오》, 《모국어 외상장부》, 《쉼,》 외.

새벽 詩

원연희

낙엽처럼 떠나간 이름 하나 불러본다
죽어야만 태어날 수 있는 부활의 꿈을 놓치고
돌아서던 날
막막한 광야 끝에 열리는 새벽 내가 찾아다니던
별이 거기 있음을
꿈꾸지 않은 사람은 모르리라 밤이면 죽었다가
살아나는 눈동자
가장 가까운 곳에 있는 빛이기에 새벽을 열면
누구나 볼 수 있으리라
이 흰서리는 어디에서 오는가 발등을 덮는
청량한 리듬
매화나무에 등 기대고 물 빨아올리는 소리
들으며
꽃잎 같은 이름 되리라.

詩가 못된 유서

권연희

사방은 망망 대해
자나 깨나
섬 멀미 중이다
아마는 평생일 터

뒤돌아 가기엔 너무
멀리 와버린
칼바위 섬 끝

마침내 길이 다한 그쯤서
입을 한번 내어 닫는다

파도는 곧바로 날
영장시켜버릴 것이고

삼시간에 써 내린 저
일필휘지!
한줄도 채 아물지 못한 문장
아닌 문장

거품거품
온통 펄펄 끓는 눈물의 짭조름한 고소부호

고소부호 뿐

하여, 행여

원 연 희

상처도 꽃이라,

그대 생각 들면
가슴 벙싯 벌어져 꽃이 되듯이
안보지 하루도 지나지 않아
백 년은 된 듯 익숙해서
설명 못할 일 생긴 게지요
슬픔이 더 현실적이긴 해도
사랑 다 알 수 없긴 해도
순간의 소중함을
겨우 알게 되는 것처럼
이렇게 미치기도 하는게
인생 이라
산만하지 않은가
찰나에 잘려진 진실은
마음 가득
환장하게 꽃을 피우기도 하니
·
·
버 던진다, 버 던진다 하여 행여,
가슴까지 짓질랑 마소.

위형윤

안양대학교 명예교수. 독일 튀빙겐대학교 신학박사.

사)한국학술진흥원 총재.

재)한국기독교학술원정회원, 한국공무원문인협회부회장,

사)한국문인협회정회원, 사)한국시인협회정회원,

시섬문인협회정회원, 착각의시학 정회원.

《기도로 쓴 시편》 외 다수.

소망학술상, Best Researcher Award상,

대한민국교육문학 대상, 자랑스런한국인 교육대상 수상.

물극필반

위형윤

겨울에는 춥고
여름에는 덥다
추우면 추운대로 살고
더우면 더운대로 살아라

맞추어 살면
안되는 일이 없다
계절은 바뀐다

손해를 보면
반드시 이익이 오고
이익을 보면
반드시 손해도 온다

밤과 낮

유형윤

밤이 어두울수록
밤하늘의 별빛이
더욱 반짝이니
빛은 어두울수록 좋다

태양이 구름에 가려
숨을 때에도
이 세상 어딘가에
태양빛은 비추이니
숨은 아름다움이 좋다

어둡다고 탓하지 말고
그늘졌다고 원망하지 말라
어두운 구름에도
해가 숨었을 뿐이니
빛은 빛추일 것이다

인 생

위형윤

과거는 기억으로 남고
미래는 꿈이다
생생한 나무는
잎이 되고 꽃이 되며
열매를 맺지만
죽은 나무는
꽃도 안되고
잎도 열매도 안열린다
우리네 인생도
생시인가 했더니
꿈이 됐구나
잎도 꽃도
열매도 없으니
지나온 세월만
가는다랗게 그리웁구나
이제 가야 하는데
갈데까지 가보자
생은 과거에 있지 않고
현재에 있다

유나영

2012년 『한국시』 시, 『현대문학사조』에 시조 등단.

시집 《핑크빛 하늘처럼》 외 다수.

한국문인협회, 익산문인협회 회원.

한국착각의시학작가회 이사.

인생론

유나영

사는 것 그것은 행복이라 했나
구름 흐르는 물이 유랑에 떨려오듯
그렇게 회전목마처럼 구르면서 흐르는 것
그것이 삶이라 했나

밤별이 겨울 창에 오르고 눈이 온 지
오래인 까닭에 흰 눈이 기다려지는 날
그런 날 우리는 하나의 꿈을 꾸며
밤을 지피고 놀아대야 하는데
그리하여 창살에 꽂힐 하얀 눈을 그리면서
사랑을 나누어야 하는 것인데
참 오래 잊었던 친구의 이름을 잊고 겨우
눈물겨워 떨고 있는 것

무엇이 삶인가 삶을 가꾸는 뜰이 어디쯤 있는가
도무지 감각을 지필 수 없는 까닭에 나는 겨울의 창백한
하늘을 우러러 볼 힘이 없다
사는 것 그리하여 행복에 사무치는 것
그것이 무엇인지 묻고 있다

겨울 밭에서 낚는 꿈

유 나 영

마음이 심란하여
겨울 들판에 나가보았더니
아득한 날의 이야기가
눈발에 어리어
하얀 눈발을 밟고 있었습니다

보리밭골에 까마귀가 눈발을 헤쳐
삶을 묻고 있는 것 같아
들여다보았더니
파란 보리잎사귀에 얼킨 이야기가
정으로 앓아
눈발을 맞고 있었습니다

도회의 변방을 돌면
고향 같은 풍경이 아스라이 밀리어 오고
꿈도 그리운 탓에
숨은 듯 가슴 조이는 날이
전설처럼 덧나 있어서
하늘과 땅을 어루는 눈발에 젖어 있습니다

눈 내리면

유 나 영

눈이 내리는 날
고향을 부르면
아른아른 접철된 정은
다소곳 숨죽이면서 자분대고

뜰마다 무성한 풀잎 눈에 덮이고
그 속에 묻힌
우리들의 놀이와 같이
거기쯤 기지개 켜는 삶의 율동도
맞이하게 된다

바람은 시시각각 밀리고
눈은 내리면서 날리는데
가만히 옛 정 찾으면
정은 아장아장 아기 걸음으로 다가오는 걸 보게 된다

이광주

서울 출생. 연세대학교 국문과.

계간『착각의 시학』 시조 등단.

저서《시축》,《그리운 날의 노래》.

공저《詩끌리오》,《모국어 외상장부》,《쉼,》.

〈사설시조〉

창(窓)

이광주

창밖과 창안은 무엇이 다를까
은총어린 달빛이 내려앉은 창밖엔
삼삼한 늦여름 바람이 감잎을 어루고
이내
팔월의 잠을 청한다.

창안의 사랑은
별빛도,
바람도,
흐름도 없이 오랜 사랑으로의 사랑이다.

이윽고 사랑은 소멸되어 또 다른 사랑,
의미도,
규정도,
영원도 담아낼 수 없는 사랑을 낳는다.

바람은 공간이 모르는 차원으로 흘러
시나브로 시간에 빛나는 창밖과
사랑으로 정지된 창안에 머문다

그곳에 한다발 꽃무리를 피워낸다.

그리움보다 더 고웁다.

〈평시조〉

브람스 꽃향기 속에
백건우 피아노 30번

이광주

백건우 손마디에
윤정희 감겨있고
이마에 흑백건반
잔잔히 깊어간다

비토번, 막스밀리언
가슴뿐인 사랑이

<엿시조>

천년을 담고 있는 백년

이광주

우리네 인생살이
길어야 백년이나

남겨진 삶의 흔적
천년을 넘게되니

소중한 한날 한날의 삶이
천년까지 이어져

이늦닢

경기 이천 출생. 계간 『문예운동』 시 등단.

중앙대학교 예술대학원 문예창작과.

사)한국시인협회, 사)한국문인협회 회원.

계간 『착각의 시학』 편집국장.

제3회 한국창작문학상 대상 수상.

시집 《날탱이 보고서》.

공저 《詩, 길을 묻다》, 《詩, 공사 중》, 《詩, 터잡기》,

《詩에게 말 걸기》, 《詩, 물구나무서기》, 《모국어 외상장부》, 《쉼,》 외.

건조주의보 / 이늦닢

전철 안
맹인이 복음성가를 부르며 구걸한다
한 역을 지날 때마다 붙는 차의 가속도와
역방향으로 더듬거리며 가는 맹인
그는 전철이 한 번 쉬었다 떠나는 역마다
활처럼 앞으로 휘청했다가
지팡이처럼 다시 꼿꼿이 서서 중심을 잡는다
흔들림 없는 중심은 그의 삶의 버팀목이다

그가 노래를 부르며 지나가면
눈을 감는 사람들이 유난히 많다
내 앞자리 중년의 여자도 방금 전 실눈을 감았다
달싹거리는 눈꺼풀이 완전 내숭이다
남자가 흘리고 가는 복음성가는
그 누구의 가슴 속 언저리에도 정착하지 못하고
날선 금속성 소리에 예리하게 베어지고 있다

유독 주머니 속 동전들만이
멀어져가는 파성에 우울한 귀를 곧추세울 뿐
건조한 그의 바구니 안은 갈증만 맴돌고 있다

기도 / 이늦님

하나님
이 애잔하고 쓸쓸한 가을 날
마음 둘 곳 없이
가랑잎처럼 서성이게 하지 마옵소서

바람이 좀 냉정해졌다고
해가 찬 이슬방울 같은
노을을 떨구고 사라진다고 초조해 하지 않겠습니다

푸른 잎 쇠한 뒤 단풍 들고
과일이 스스로 때를 알아 붉게 익어가는 날
내 마음 산그늘처럼 깊어지게 하시고

봄과 여름 가을
꽃 피고 잎 진 세월의 마디 마디마다
상처가 아닌
풍성한 열매로 거룩한 부자가 되게 하옵소서

이제부터 여유 / 이늦닢

손바닥은
쥐는 것 보다
펴는 것이 더 여유롭지 않을까

사람,
한 사람 한 사람도 커다란 우주
내가 너를 다 알기까지는
이슬방울이
바다에 내려앉는 것 보다 더 힘든 일

우리 이제
서로를 탐하려 하지 말고
그저 지그시 바라보아야 할 일
그럴 때 비로소 꽃은 꽃
그 젖은 눈으로 서로에게 스며들지 않을까

여기
다 놓아버린 빈손에 가득 채워진 꽃향기

이미라

월간 『문학세계』 시 등단(1998년).

한국문인협회 회원. 동두천문인협회 회장 역임.

한국착각의시학작가회 이사.

제3회 춘우문학상 대상 수상.

산문집 《The Way》 시집 《봄날의 반란》, 《茶 이야기》 외 다수.

생각의 겨울

이 미 라

생각에 빠져들면 눈물짓는 기억들이 있다

특별하지도 않은 나날들이
가슴저미게 하는 시간들
코끝이 찡하도록 그리운 거다
너무나 일상적인 것들이 더 소중하게
기억 한편에 있다

양쪽 팔에 매달린 아이들과
한 걸음 뒤에 따라 오시던 부모와
늦은 밤 야식을 즐기던
유일한 동네 입구 우동 집

모두가 사랑인 줄 모르고 주고 받던
일상의 자투리들
고요한 시간을 비집고 들어온 햇살처럼
되돌아 갈 수 없는 날들이
조각 조각 따뜻하다

한 숟가락

이 미 라

한번만
한번만
꾹 다문 입술은
간절한 바램으로 사정해 봐도
소용 없었다
평소에 쉽게 넘어갈 밥 한술
애타는 마음 얹어보지만
손사래 치며
생의 문턱을 넘나들던
어머니
정성없이 떠드리던
무례한 시간 속에 갇혀
오늘
밥 한 숟가락
갈퀴처럼 목에 걸린다

바람은 홀로 울지 않는다

이미라

여민 옷깃을 들썩이던 바람은
깊숙이 웅크린 울분을 흔들어 댄다
제 설움으로

온 산을 헤매던 바람은
철따라 몰려온 숱한 이야기가 버거워
계곡에 휩쓸려 울음 운다

먼 바다
거친 물살을 일으키던 바람은
고단한 행보 모래위에 누이고
운명 같은 역마살에 긴 한숨
산 같은 파도로
울음 운다

이병연

공주 출생. 공주사범대학 국어교육과 졸업, 공주대 문학석사.

2016년 시 계간지『시세계』등단.

시집 2018년《꽃이 보이는 날》, 2020년《적막은 새로운 길을 낸다》.

한국시인협회, 충남시인협회, 공주문인협회, 세종마루시낭독회, 애지문학회 등 회원.

붓꽃

이병연

혀가 하지로 가는 해처럼 길어졌다.

하고 싶은 말이
혀끝으로 모여 들었다.

말이 줄줄이
꽃으로 피어나는 저녁이었지.

기쁜 소식을 전하는 혀꽃이었지요.

아픔조차 영광으로 만들어버리는
너는 푸른 전령

빗속에서도 빛으로 다가와
붓을 들게 하는

지붕이 샌다

이병연

윗목에 놓인 양동이
고만고만한 계집애들 빙 둘러앉았다.

천정에 닿은 눈빛
물방울 언제 떨어지려나

물방울 똑똑
갈매기 날개처럼 튀어 오른다.

"이걸 어째."
어머니의 맥없는 혼잣말

나무사다리 타고 기와지붕 오른 아버지
말간 햇살로 물이 새는 곳 찾고

지붕만큼 높고 커다란 아버지
계집애들 커다래진 눈으로 올려다본다.

꿈꾸는 학교

이병연

낯선 땅에서 네가 들려준 이야기는
꽃이 되었다가 눈물이 되었다가 적막이 되기도 했다

눈부신 가을 햇살 아래 낙엽이 춤추며 축제를 벌인다
아름다웠던 순간을 새기고 싶은 것이다

까치가 은행나무에 둥지를 틀고
새끼들에게 먹이를 주려고 쉼없이 들고 나는 동안

선생님들은 아이들에게 꿈과 사랑의 물을 주었다
아이들은 하늘을 우러르며 자라나는 한 그루 나무였다

찬 바람이 부는 어느 아침이었을 것이다

어린 것들이 산 너머로 날아가고
어미의 울음이 은행잎을 흔들어대자 노란 잎이 우수수
쏟아져 내렸다

해마다 아이들도 어린 까치처럼 더 넓은 세상으로 날아가고
교정에서 봄을 기다리는 옹골찬 소망이 자우내 자라나

다시 까치가 힘차게 날아오르고
아이들의 웃음소리가 나뭇가지에 걸오은 이파리처럼 팔락이겠다

함께 꿈꾸며 사랑을 키우다가
이별은 반짝이는 이슬이 되고 적막은 새로운 길을 낸다

이복자

1994년『아동문학연구』동시 등단, 1997년『시마을』시 등단.

국제펜한국본부 이사, 한국문인협회 평생교육위원,

한국현대시인협회 자문위원, 강남시문학 회원.

한국동시문학회 동요분과위원장.

시집《얼굴, 잘 모르겠네》외 6권, 동시집 7권 외 다수.

김기림문학상 본상, 2021대한민국동요사랑 대상,

2021김영일아동문학상 수상.

낭만 단편 11

-구멍

이복자

그 사람 속에 무엇이 있는지
들여다 보았다.

집요한 눈의 통로
관심의 저 편

뚫었다.
통했다.

사랑한다는 말
넘쳐 쏟았다.

낭만 단편 13

이 복자

한바탕 비에 시침 뚝뚝
푸르던 나무가 벌써 빨간색으로 돌아가 있어
허봉 조개는 분칠, 부스스 추락이다.
슬프게도 빨간 오늘
톱니바퀴에 물린 가슴 뚜깍뚜깍 뛴다.
낙엽 떠는 소리에 일각이 아쉬운 일상
째깍째깍 곤두서고
아름다운 가을에는 감미로운 시간 위에 누워
사랑 쏟고 행복열차 타고 달리고, 또 그리움 달고
도무지 이런 일년들이 인정되지 않는
가을 시계 건전지 쇠하는데
겨울로 가는 소리 우수수 바람에 인다
볼 붉어진 사랑
편지라도 쓸 양 집어든 낙엽
빈 쪽지인 채 동동, 흘러간다

꽃을 보며

이 복 자

꽃을 보면 무심이 퍼뜩 깨어
여심(女心), 꽃 냇물에 뛰어들어 동당동당
뜨기 시작한다.
단어가 온 봄을 좇아야 비로소 식구가 되듯
태초, 가 보지 못한 고요의 근원을 뚫고
환희의 싱크홀에 풍덩 빠졌다가 다시 눈뜨고 보는
기쁨, 황홀의 경지를 한 바퀴 돌고 나온 꽃은
감탄의 긴 보폭 끝에 앉은 진한 눈맞춤, 사랑이다
봇물로 스며드는 사랑, 꽃물이다.
꽃 손 잡고 빗길에 젖어 꽃길을 걸으면
비밀을 여는 여심, 미소가 꽃바람에 붉다.
흠씬 맞는 설렘의 폭탄, 실성한 듯 터지는 꽃
웃음, 하루의 윤기를 지친 피부에 채우는
꽃은 잘 지어진 詩, 공작선인장꽃 진분홍
아름다움 무게는 표현할 수 없지, 시이 젖는다.

이세규

2004년『공무원문학』시 등단. 漢詩人.

松潭 李柏淳 先生 門人, 시 낭송가.

시집《시간의 이랑을 넘는 햇살》,《한문학습 대개 》.

공저《건물 벽면 동그라미의 이야기》,《뿌리》등 다수.

공무원문학상, 율곡원 장원상 수상.

전국 문학인대회 집행위원, 한국한자한문교육학회 이사,

한·중·일 한자심의위원, 예장회(藝長會) 회장 역임.

가락역사심의위원, 한국고서연구회부회장,

한국공무원문인협회 회장.

가을이 오면

이세규

바람 불자
하늘은 높아가고
마음은 날아간다

꽃이 피자
열매 익어가니
행복은 찾아오리
낙엽 지자
사방은 쓸쓸해도
추억은 쌓여가네

세월 가자
인생은 흘러가고
연륜은 깊어진다.
계절은 돌고 돌아
소망은 많아지고
기도는 깊어지네

오월의 빛

이세규

신록은 엽록이 되어
핏줄엔 푸른피 흐른다

땀은 샘물로 치솟고
눈물은 이슬로 내려

한숨 쉬다 들이킨
뜨거운 태양 붉은 미소

오!
오월 삼랄열

자 연

이세규

시절은
기다리지 아니해도 찾아오고
세월은
붙잡아도 저만치 가고 있네

소리가 천지를 진동해도
만물은 정 중 동

계절은
어느새 할 것 없이
스스로 왔다가
저절로 흘러만 가는가

이순옥

2004년 월간 『모던포엠』 시 부문 등단.

한국문인협회, 경기광주문인협회, 착각의시학, 시와늪 회원.

한국문학예술인협회 부회장.

제1회 매헌문학상 본상, 제12회 모던포엠 문학상 본상,

2020 좋은문학 창작예술인협회 본상,

2020 착각의시학 한국창작문학상 대상,

2021 샘터문학상 시부문 최우수상 수상.

저서 《월영가》, 《하월가》, 《상월가》.

공저 다수. 한국 시 대사전 수록. 지하철 행복의 레시피.

자화상

월영 이순옥

'어쩌다 보니' 흘러가
뜻밖의 결과를 맞이하던,
흘러 가버린 줄 모르고 가버린,
다시 찾지 못하는
그런 쓸데없는 추억 같은 거라 하지 마!

잠들지 않은 채 꿈꾸듯
가을이 떨어졌어
낙엽 한 장이 가을이라는 계절이었어
한때는 그토록 지나가지 않던 계절이
낙엽 한 장으로 내 생을 닦아내네

가장 소중하고 좋은 삶이라
아무도 못 찾을 타임캡슐 안
제일 깊숙한 곳에 넣어두었던
수천, 수만 번 쌓았을 행복

세월에 단단해져 버린 굳은살
순간순간 하나하나 가슴에 별처럼 남아
피떡처럼 발목에 매달려 있는데
나는 배부른 사자처럼 60대를 숨기를 했어
깊은 사유의 샘을 열어,

개기 일식

윤경 이순옥

우리에게 허락된 시간은 짧기만 하네
죽음의 그림자는 길기만 하여
나 그대에게 나를 주려 하네
나 그대를 가지려 하네

서로의 몸에 서로를 각인하는 그
시간은 고작
반각의 짧은 시간이지만
생의 전부를 담고 있는 절절한 연정.

한사코 운명을 피하려 하나
그 모든 몸짓이 다 정해진바
숙명으로 한 걸음 한 걸음
걸어 들어가는 것이었음을

손 끝에도 음률이 흐르는
생의 끝자락
끝내 지울 수 없는 서운함
밝은 날의 기다림은 문신처럼 새겨놓네

개망초

월영 이순옥

너를 놓친 시간이 계속 자라고 있네
원망을 넘어
그 말투, 그 억양, 그 음색
파르르 떨리는 눈빛에서
뚝뚝 떨어지던 진심

지나간 사랑은 깨진 유리 조각 같은 거
이미 쓸모없는데도
쓸데없이 반짝거리는 거
그 유리 조각이 상처 입힐 거란 거
알면서도 자꾸 손을 뻗게 되네

추억할 것 없는 추억을 그려
지나치듯 내뱉은 말의 조각들을 모아
기어이, 언어보다 빠른
눈물의 향연으로 결집 되는

언어, 그 뒷면의 면박은 알지도 못한 채
나를 잊은 그대,
웃은 것에 그리워 울다가
눈물 자국마다 그리움으로 피어난 영혼아,
꿈결로도 손 내미는 날 어이 웃을까

이애진

서울 마포 출생. 2000년『문학시대』등단.

한국문인협회, 한국시인협회, 문학의집서울 회원.

착각의시학 편집위원. 한국 가톨릭 문인회 감사.

시집《꽃이어서 행복해라》. 공저《오늘처럼 비가 내리면》외 다수.

전국 지역신문 연합회 문화예술 대상, 중구신문 문학상 수상.

길상사

이 애 진

온종일
내리는 장맛비
빗소리에 젖어든 풍경소리

막없이
떨어지는 능소화
빗물 되어 흐르고

고즈넉한 산사
내려 앉은 어둠
묵언수행 중이다.

압화

이애진

절정의 순간
동백꽃처럼 능소화처럼
툭 떨어져 버린 시간
그대로 압화가 되었다.

시 쓰기

이 애 진

펜에 잉크가 마르지 않는 한
부러진 연필심
다시 깎을 수 있는 한
감정들이 메마르지 않는 한
결코 외롭지 않을 시 쓰기

이정님

한국기독교시인협회, 전국공무원 문인협회, 상록수문학회 이사.

서울교원문학회 지도위원. 한겨레문학회 고문.

문학방송 운영위원, 아동문학세상 중앙위원.

인천복지방송 문화국장. 실버넷뉴스 기자.

항일민족시인문학상(이상화 부문), 한국전쟁문학상(소설) 외 수상.

저서 《어쩌다 여기까지》, 《토닥토닥》, 《별을 닦는 아이들》 외 다수.

사랑

시 / 이웃 이정님

꼭꼭 가슴 여미고
기다리다가 떠나버리면
그 때엔 이미 늦는 걸

가까이 있을 때
사랑할 거야

긴 세월
갈망의 총일을
기도보다 더 간절함으로

시간의 가는 허리
길게 시리면
이미 그 때엔
그대가 남긴 열쌍도 지워져 있는 걸

아! 가까이서 사랑하고 싶은
오늘은.

예사랑 동산

시 / 이웃 이정남

꽃이 꽃 옆에 눕고
구름이 바람에게 무릎을 내주고
이슬이 이슬을 품어주는

그대여!

지나가는 길이라도 좋으니
잠시 머물다 가는 곳이면 더 좋으리
꽃잎에 그대 사랑 적어 놓으면
그리움이 바람결에 실려 와
맑은 목청으로 노래 하나니

기뻐하리라
기뻐하리라
이 모든 것을 주신분을 생각하면.

하늘 땅 그리고 꽃

시 / 이곳 이정님

말로는 다 못할 뜻이 있어
꽃은 고운 몸을 다아서고
말로는 다 못할 아픈 사연 있어
꽃은 저토록 시들어 떠나가나
하늘과 땅 그 사이에서

말로는 다 못할 사랑 있어
꽃은 비바람 속에 웃으며
향기로운 마음 다 내어주고
저렇게 아름다운 열매로 익히나

최초의 뜻이 그렇듯
우리 또한 꽃다움으로
뜨거운 영혼까지 아껴
그렇게.

이정미

서울 출생. 중앙대학교 국어국문학과 졸업. 동대학원 박사과정 수료.

『월간문학』 평론 부문 등단.

한국착각의시학작가회 이사. 계간 『착각의 시학』 부주간.

한국작가회의 부천지부. 부천 소설가협회원.

한국창작문학상 대상 수상(평론).

저서 《글쓰기의 시작은 자서전 쓰기에서》.

공저 《詩에게 말걸기》, 《詩, 물구나무서기》, 《詩끌리오》,

《모국어 외상장부》, 《쉼,》 외.

난(蘭)

애초에
차가운 달빛을 꿈꾸며
이름 없는 들풀 동자였던 그대

삶의 고단함을 몸 안에 묻고
세상 모두 잠든 사이에 홀로
단아한 자태를
하늘과 땅 사이
한 줄 무지개로 걸쳐놓고
돌무덤 항아리 속에
전설을 잉태한다

안으로 제 살과 뼈를 삭이며
올곧은 정신 하나 당직함을 곧추 세우고
한 길 영혼으로 승화하는 그대는
오늘도 참 선(禪)의 불립문자로 남아
누구의 뜨거운 손길을 기다리나

에어콘

한 여름의 질주를 피하고자
신발을 벗고 경건한 몸놀림으로
그 방에 들어설 때에는
한 줌의 공기 한 줄기 따스함도
허용하지 않는다네

그 방에서 나를 감싸는 모든 문은
꽁꽁 닫은 채
담벼락을 넘나드는 兒孩들의 무자한 웃음소리마저
철저히 외면하고는
저마다 도로로 질주하다 막다른 골목에 다다른
李箱의 13인의 兒孩가 되어서
잠시 겨울을 보내야만 했다

차라리 아무도 모르는 열매를 간직한 채
저만치 서 있는
소인장이 되고자 해서
묘 단원 운동을 나와서
나무 그늘의 온화한 품속을 맞이하며
한 줄기 따뜻한 햇살을 반기고 싶다

새날을 맞이하며

이정미

세월은 결코 보내는 것이 아니다
계절따라 눈비 오듯
애달픈 그리움은 세월과 함께
떠난 손길에서
꽃밭을 비껴든 음지에서도
우리가 잠든 사이에도
기다리지 않아도 온다

오늘도 허용된
하루의 빗장에 스며든 햇살을 향해
여승푸레한 새벽
한 잔의 미온수를 마시는 그 순간에도
세월은 우리와 함께 다가온다

보아라
환희와 욕망에 찬 나날은
모래시계의 순환에 맞추어서
오늘도 떠오른다

오늘의 달란트를 위해
새로운 나날을 꾸린다

장문영

『한국문인』 시 등단.

시집 《가을 편지》, 《숲 속의 푸른 언어》, 《소금의 눈》. 공저 다수.

문학공간상 본상, 동두천 문학상, 김기림 문학상 본상 수상.

현)한국문인협회 정화위원, 국제펜한국본부 이사. 한국시인연대부회장 역임.

한국문화예술연대 이사. 계간 착각의시학 편집 고문.

백목련 꽃

장문영

화장기 없는
저 순수한 해맑은 얼굴
어느 꽃인들
자태가 저만치 청순할까

꽃샘 바람아
목련 꽃잎 짓밟고
돌아다니지 말아다오
눈물 흘리지 않게 해 주려므나

낮 없고 감상하는
우주의 나그네를 위해
허공에 팔 뻗고 허리 굽혀

예술혼으로
우아한 그림 그리고
주옥같은 천상의 시를
쓰고 있지 않니?
읽고 들여다만 보려므나

삶의 종착지

장문영

하루 하루 시간에
농락 당하며
새로운 꿈과 기대를 품어
꿈을 이루려고
시간에 밀리지 않기 위해
안간힘을 써도
또 시간에 지고 만다
똑같이 평등하게
주어진 시간이
나를 비웃듯
하루를 만들고
세월을 만드는데
나는 무엇을 위해
오늘을 사는 것일까
절명의 순간을 향해
바둥거리는가

좀 더 기다려보자

장문영

얼어붙은
깔깔한 밤하늘 탓인지
가슴까지 싸늘하게 언
척박한 어둠의 폐원에
갇혀있는 나무들

보름달도 시리다 못해
차갑게 푸른손길
빈 나무가지 어루만진다

좀 더 기다려보자

시간이 시간에 쫓겨
달음질치듯 달아나면
눈부신 햇살은
반가운 손님처럼
나를 찾아올 테니

장수현

2004년 월간 『신문예』 시 부문 등단.

(사)한국문인협회 제25대 감사.

(사)한국문인협회 서울지회 25대, 26대, 27대 감사.

종합문예지 계간 『착각의 시학』 기획위원.

(사)한국문인협회 평생교육원 교무부장.

낮술

장수현

비 쏟으니 목젖을 적시고
더운 낮술 한잔 남의 집 뒷마루에 앉아
닮고 닮은 가슴에 도사린
내 안의 뜻을 다스려도 휘청거릴 때
말에 대한 욕인가 밀어냄이
뒤안에 계시는 그리운 어머니가
수수빗자루 치켜 들고 달려오며 치시는 말
"이 엄벙할 놈아! 니 에미
잡아 먹어라!"
더욱 그리운 날…

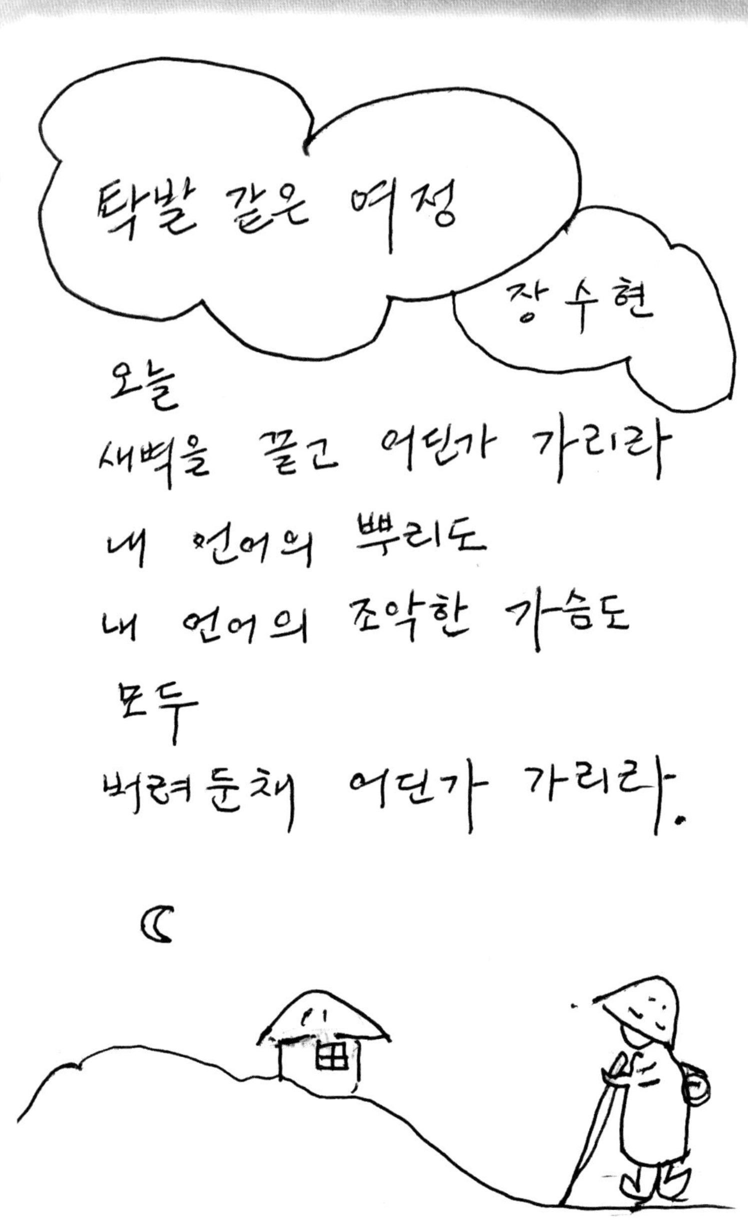
탁발 같은 여정
장수현
오늘
새벽을 끌고 어딘가 가리라
내 언어의 뿌리도
내 언어의 조악한 가슴도
모두
버려둔채 어딘가 가리라.

아내의 머리를 염색하며 / 장수현

가녀린 자리옷의 아내가 더듬이를 잃었다
밀려오는 파도에 세월의 깊이가 아득하여
마른 몸 속에 청춘을 놓아버렸다
그 가늘고 조촐한 가난을
소중히 품고 살아온 빛바랜 시간들
다소곳이 앉아있는 아내는
목주름과 전골이 깊이 패였다

겨우내 산구릉 휘감던 회한의 눈나비는
하늬바람으로 푸스스 날아와
하이얀 머리에 젊음을 심는다
나의 빛바랜 침묵을 탕진하는 날에
아내의 머리는 다시 까만 둥지를
틀었다.

정해현

월간 『한국시』 등단.

한국문인협회 회원. 한국작각의시학작가회 이사.

제3회 詩끌리오한국작가상 수상.

공저 《詩에게 말걸기》, 《詩, 물구나무서기》, 《詩와 時 사이》, 《詩끌리오》, 《모국어 외상장부》, 《쉼,》. 외 다수.

고추 잠자리

정해현

내 마음의 유영으로 피어나는 불꽃

가을 빛에 물든
선홍색 슬픔
가녀린 날개엔
반가닥 조락의 여운

노을 스러지듯 그대 향한
마지막 피멱
내 몸뚱이
뽀오얀 재로 사위어 가리.

저무는 들녘 빈 가지 위
파들거리는 숨결

다시 깨닫느니
그대 빛 안에
난,
빨간 불티.

봄 바다

정 해 영

봄바다로 오세요.
연보랏빛 연서
터질 듯한 가슴으로 오르면
다복솔 숲 아래 거기
당신이 있어요.
하늘이 녹아
바다처럼 푸르고
물새들의 날갯짓
깃발되어 펄럭이면
아직도 얹니어 웅크린 침묵
마른 풀 여린 속 잎 깨워 부르는
당신의 노래가 들려요.
오세요
잿빛 옷 벗어 가슴 뜨거운
봄바다로 달려 오세요.

철길과 어머니

정해현

힘들면 그냥 내려 오그라이
꾼 돈 삼천 원 꼭꼭 쥐어주며
보리밭 김 매시던 어머니
머리 수건 풀어 흔드셨다.

기우는 햇살에 아득한 철길
황토 얼룩 배인 운동화가 애처러워
산굽이 돌아 기차꼬리 보이지 않을 때까지
머리 수건 풀어 흔드셨다.

아, 그날의 어머니
나의 철길

잘 살거라
성호를
그으신다.

최명숙

아호 청리.

2019년 『착각의 시학』 시 등단.

한국착각의시학작가회, 화정시회, 상황문학 회원.

단무도 강사.

도심의 달

청리

힘든 영혼들의 밝은 빛
포근한 자궁 같은 안식처

오늘을 미련 없이 끝내고
내일을 아낌없이 열어주는 문

도심의 달은
누구에게나 언제나 공평하다

가시오가피

청리

가늘고 긴 가시 갑옷을 입고
눈 감을 때까지 힘들게 살지만
마음만은 물같이 순하다

생기가 돋는 봄이 되면 여린 새순을 나물하라 주고
날이 더운 여름이면 자줏빛 머금은 우산형 항색 꽃이 되고
가을 바람이 불면 검게 익은 포도송이 같은 열매가 되었다
추워지는 겨울이 오면 가지와 뿌리를 보신하라 바친다

손가락 모양의 다섯 잎으로
무심한 사람들을 한없이 껴안는
너의 사랑이 눈물겹다

폭포, 그 옆의 봄

청리

겹겹의 빙벽 속 틈새로 솟구치는 여린 심장 소리

나무에 쌓인 눈꽃을 햇살 아래 춤추게 하는 바람 소리

돌탑과 솟대 위 눈이불의 사근거리는 숨결 소리

아홉 굽이 얼음장 밑을 돌아 낮은 곳으로 흐르는 청량한 물소리

계곡 앞 가게를 포근하게 감싸도는 어묵탕 김 오르는 소리

최수경

1996년 『해동문학』 시 등단.

한국문협 동두천지부회장 역임.

국제펜 한국본부 회원. 계간 『착각의시학』 편집자문위원.

시집 《잔디 깎는 남자》, 《멀어지는 풍경》 외 다수.

산문집 《정다운 마음》.

경기문학 우수상, 한국창작 문학상 대상, 춘우 문학상 대상,

동두천시 시민의장 문화예술상 수상.

봄비

최수경

들릴 듯 말 듯
잠든 젊음을 깨우고
온몸 촉촉해 지며
목 마름이 사라졌어
톡톡 터지는 꽃 망울
그 황홀한 손짓에
나는 개나리꽃 우산
펼쳐들고 너에게로 가

뒤 돌아보니
너의 이름이 봄비였구나

배움

최수경

잡아주지 않아서
다가서지 못해서
머뭇거리는 일에
많은 날이 흐르고
가로지르는 횡단보도에서
빨간 불을 만나는 이 나이

한편의 시가 되고
노래가 될수 있으리라던
무수한 물어는
바람에 떠밀린 어느 정거장에서
행선지 지워진 차에 서둘러 오르고
그렇게 허물어진 이름에
나의 배움은 아직도 진행중이다

산책

최수경

노을길이면 어때
때론 가볍고 때론 무겁게
희노애락을 걸었다

개미 떼 굴속을 드나들며
비구름 몰고 와도
나의 삶은 건재하고

선택에 충실했기에
사계의 출렁거림에도
나는 오늘 산책을 한다

한기용

충남 서산 출생. 계간『착각의 시학』시 등단.

한국착각의시학작가회 회원. 백련문학 동인.

풀꽃시인학교, 인문학 강사. 미래행복사회연구소 소장.

숲에서 인생을 묻다

白書 한기용

숲에 푸름도 끝을 헤아리지 못하지
흔들리는 가지와 나뭇잎도 그렇듯

기우는 햇살과 떨어지는 낙엽 속 긴 여운처럼
우리가 숲속에 잠들게 되리라는 것 알지 못하지

당신과 내가 좋은 생각만 하고 행복할 수 있다면
하루 이틀 사색하며
숲에서 미리 보낼 수 있으리오

마음 사랑

白書 한기용

소유에 익숙했던 욕망의 질주
버리지 못한 과장된 서술의 집념
부족함 덮기 위한 자존심의 허울

그냥 확 놓아야 함에도
돌아서면 한 줌 작은 욕심은
질기게 두 다리 잡아끈다

걷어차도 다시 돌아오는 구심력
질긴 동행은 허리가 꺾인 지금도
시간 접고 가슴팍에 달려드는데

그대와 언제쯤 웃으며 이별 고할까!
그대와 언제쯤 웃으며 사랑 고할까?

쪽달과 별님의 대화

白書 한기용

초저녁 가냘픈 쪽달은 까까머리 철수를 닮아
하루에 두 번씩 산모퉁이 돌아 작은 산동네로 들어오는
완행열차를 기다렸다

건널목 차단기 요란하게 흔들어 대고
저녁노을 산 그림자 되어 어둠속으로 숨어 사라지고

총총히 빼곡하게 박힌 별님들에 속삭임 마음에 담아
반짝이는 눈망울 오늘 밤도 잊지 못하네

포근하고 청순한 별님과 친구가 된 외로운 시린 쪽달은
오늘밤도 별님 손잡고 따뜻하게 잠든다

한명숙

2003년 월간 『수필과 비평』 수필, 2007년 계간 『문예운동』 시 등단.

한국문인협회, 군포문인협회, 동서문학, 서울시단, 청하문학 회원.

2003년 시흥문학상(시) 금상, 2014년 한올문학상(시) 우수상.

수필집 《남자의 눈물은 뜨거웠다》.

시집 《가시연꽃》, 《담쟁이 손》, 《붕어빵아줌마》, 《그랬으면 좋겠네》 등.

그냥 웃지요

한명숙

보이는 모습 그대로 인정해주는 그대가 있어
울어버리고 싶은, 멈춰버리고 싶은
세상사 발목을 잡아도 그냥 웃지요

오늘이 가면
새로운 오늘은 웃을 거라고
쳐진 어깨를 다독이는 그대가 있기에
툭툭 털어버리고 또, 그냥 웃지요

내 안의 나를 믿어주는
그대가 있기에
아무 것도 해결할 수 없다는 걸
뻔히 알면서도
눈물과 한숨대신 그냥 웃지요

꽃기차

한명숙

목련꽃이 피었다
어머니가 웃었다

티없이 맑은 웃음 하나 둘 피워낸다
눈물은 말라버리고 서러움도 삭아버린
하아얀 속살을 드러내고 웃는다

아홉살 소녀의 눈에
목련꽃 같던 젊은 엄마,
떨어진 목련꽃이 되었다

화무십일홍!
북쪽을 향해 조심스레 손을 모은다

풍경

한명숙

뭉툭한 숫돌 비스듬히 뉘이고
왼손잡이 사내가 칼을 갈고 있다
칼자루 잡은 왼손
칼끝 잡은 오른손
마주보는 둘의 적당한 거리가 팽팽하다
오르락 내리락,
제 살 깎아내며
헤쳐 나가는 길목이 환하다

칼날 파랗게 번쩍이는 순간,
제 살 깎인 줄 모르는 숫돌
마당 흥건히 쇳내를 토해낸다
사내의 이마에 흐르는 땀
바짝 여문 햇살 붉은 빛으로 세우고
칼날에 반듯하게 썰린
시간의 그물 빠져나가
생의 나이를 쥐었다 편다

허가은

본명 허영남. 강원 홍천 출생.

계간 『착각의 시학』 시 등단.

한국착각의시학작가회 회원.

동인지 《우리는 희미한 것을 가지고 있다》.

모르리

허가은

이젠 내려야 한다
아쉬운 건
내리는 곳이 어딘지
몰라도
어디로 가야할지
모르는
모르는 것이다

철새의 눈

허가은

솜털을 쓸고 달아나는 서늘한 바람
자유롭게 펄럭이고 싶은 스카프
붉은 신호등 동공에 담은
석고의 눈

푸른 신호등에 출렁이는 횡단보도
송사리 떼처럼 지나가는 무리
선홍색 꿈을 꾸며 구름처럼
어디로 가고 있는지

검정 비닐끈 바람에 날려 가듯이
신호등 없는 푸른하늘 날아가다
출렁이는 횡단보도 동공에 담은
철새의 눈

입춘대길 밤

허가은

우산을 접듯이 하루가
접혀지는 밤
자정을 너머 가고 있다
눈 덮인 대지위에 잠들은 허공속
하얀 구름 덮고 잠 든다

어두운 밤하늘에 날아가는 새는 없을까
영롱하게 떠오르는 태양은
지구 건너편 돌고 돌아서
선홍색 물감 풀어 하늘에 바르고
모두 잠든 사이에 불사르며
빛을 놓기 위해
어디쯤 오고 있을까
부엉이 소리도 들리지 않는
입춘대길 밤
바람 소리가 창문을 두드린다

현미정

2006년 『월간문학』 등단.

한국문인협회 회원. 열린시 서울 자문위원. 불교문학 부회장.

착각의시학 편집고문.

불교문학 대상, 순수문학상 수상.

시집 《밀어》.

동화집 《썬그라스를 쓴 두더지와 한강제비》.

공저 《詩에게 말걸기》, 《詩, 물구나무서기》, 《詩와 時 사이》, 《詩끌리오》, 《모국어 외상장부》, 《쉼,》 외.

해를 먹은 수박

현미정

불덩이
훌떡 삼킨
속살 햇덩이

온 식구 모여
한쪽씩 먹는 날.
아이참 시원해.

홍엽의 슬픔

현미정

저 홍엽
밤이면
살 에는 달빛에 빠져
삵 바람 속을
힘겹게 떨다가

낮이면
따사로운 햇살로
몸을 데우며
지쳐 멍이든 시련의 흔적

빨간 피멍 가슴앓이
홍엽.

움직이는 공동묘지

현미정

나는
움직이는 공동묘지
사채들
내 눈앞에 놓이면
고운 내 입
공업용 분쇄기 되어
깔끔하게 밀어 넣는다
통가죽 생무덤 속으로

나는
움직이는 공동묘지
통가죽 생무덤이어라.

홍한나

미국 투산 거주.

계간 『제3의문학』 시 등단.

한국착각의시학 회원.

미국 투산 AZ 벧엘교회 담임 목사.

동두천문인협회원.

엄마의 밥

홍한나 McManus

그리워
그리워서
턱턱 목이 멥니다

효녀의 길 떠나서
구만리 바다 건너 미국
눈에는 외국인만 보이고

모국어도 잊었고
내 한인 모습도 잊었네
칠순에도 그리운 그 밥

나는 누구인가

홍한나 McManus

어머님을 위하여
사랑으로 바쳐진
현대판 심청의 연꽃

틱 장애인의 아내로
화평을 추구하는
사명의 선교사 평강공주

수은 0° 이하면
철수하는 시한부
21세기 현대판 신데렐라

귀중한 생명을 살리려 애쓰는
벧엘교회의 담임목사

하루를 소중하게
되돌아 갈 준비하며
청춘으로 사는 칠순

바다 위로 날자

홍한나 McManus

먼 바다에서
부르는 파도 소리

등 뒤에서
세차게 떠미는 바람

삶을 살리는
파도처럼 되었으면…

아름다운 지구에 보내온
크신 뜻 날개로 날아오르자

황순남

강원도 양양 출생. 『문학시대』 등단.

시인, 시낭송가, 시낭송지도자, 종이공예가.

한국시낭송가협회 초대사무국장 역임.

한국문인협회, 백양문학회, 한국작가의시학작가회 회원.

시집 《나도 저 창밖에》. 동인지 《후백의 열매》 외 다수.

밤비

황순남

창 밖에 내리는 비가
나를 부른다
나도 저 창밖에
내리고 싶다

봄을 부른다
난 너를 부를 줄 모르고
비는 자꾸만 무언가를 재촉하는데

사랑의 그리움으로
온 밤을 빗 속에서 젖는다
내 맘속 깊음처럼.

고향

황순남

저녁무렵
마을 화가의 그림이 완성되어 질 쯤
하루의 시름을 업고 돌아오시던
아버지

뉘엿지는 해거름 저편엔
내 어린 날의 추억이
초승달처럼
동구밖 느티나무에 걸려 흔들린다.

마음은 그저
가을밤 쓸쓸한 바람이 되고
물장구 치기 놀던 친구들이
꿈속을 다녀간 날은 하루 종일 행복하다

향수병(鄕愁病)
잠시 기억할 수 있는 행복한 넋두리
흰 구름 편에 그리움의
편지를 보냈습니다.

칩거(蟄居)

황순남

367일
13월
32일
25시

언제부터인가
이 어이없는 숫자와의 동거
"병신 같은 새끼들. 자유가 무엇인지도 모르면서 먹고 살겠다고…"
뉘가 내뱉은 이 한마디가 귓전에 쟁쟁하게 들리곤 한다.
그렇다.
진정 자유를 찾기 위해
평생을 우리는 시행착오를 겪게 되는지도 모른다.
하지 않아도 될 뻔한 거짓의 경험과 약속을 하면서 말이다.

탈출할 수 없는 숫자 속에서…

참여 수필가 _

이종필

고소혜

김화영

이종필

경기 이천 출생. 계간 『착각의 시학』 수필 등단.

착각의 시학 작가회 회원.

공저 《모국어 외상장부》, 《쉼,》 외.

수필<새소리를 그린다고?>중에서 / 이종필

책을 읽다보면 그 책을 쓴 사람을 만나고 싶을때가 있다.

그런데 최근 「그릴수 없는 새소리」라는 산문집을 읽으며 안재진 선생님이 뵙고 싶었다.
다행이 지인을 통해 뵙게 되었고 어쩌다 보니 부족한 나의 글을 그분께 드려서 추천 평까지 받게 되었다.

나는 그림을 그리기 시작한지 일 년 반이 채안되었다
그럼에도 생각 없이 한 말이 자꾸 생각난다.
그리곤 두고 두고 후회한다.
"새소리를 왜 그릴수 없느냐"고 한것이다.
새와 배경에 감정의 색을 입히면 되지 않을까!
싶어서 였다, 입에서 나온다고 다 말이 아닌 것이다.
"언제쯤 나는 숲속에 숨어 우는 새소리를 그릴 수 있을까?"라고 하신 선생님의 말씀이
오늘도 안개처럼 자욱이 밀려온다.

수필 <비의 하모니> 중에서 / 이종필

크고 작은 빗방울들이 바람의 흔들림에 따라 여기저기 떨어지며 다양한 소리를 내듯 세상에는 각기 다른 사람들이 다양한 모습으로 살아가고 있다.

농부는 곡식이나 채소 등 먹을것을 생산하고
예술가들은 보고 들을 것을 제공하고
공장에서는 편리하게 살아갈 도구를 준비하며
상인들은 이것들을 적절한 곳에서 필요에 따라
유통시키고 정치인들은 이들이 어우러져 살수있도록
질서와 방편을 마련한다.

이것이 제대로 이루어지는 세상은 아름답다.

질서정연하게 돌아가는 자연의 이치. 모든것이 순리 속에서 공존하며 호흡한다.

밤새워 내리는 비의 하모니! 이 환상의 오케스트라 연주는 새벽이 되어도 끝나지 않을 것 같다.

수필 〈자연과 순리〉 중에서 / 이종필

팔월이 되면 들판의 벼가 알을 배기 시작하고 이때 어린 메뚜기가 생기기 시작한다.
어린 메뚜기는 벼 잎처럼 파랗다가 벼 이삭이 패면서 메뚜기도 자라고 벼가 누렇게 익어 가면 메뚜기도 누렇게 익어간다.

열매는 오직 씨앗을 위해 존재한다.
누군가 제 몸을 먹고 다른 어딘가에 버려주기를 바란다
그곳이 흙위가 될지 길바닥이될지 상관하지 않는다.
백 개, 천 개, 만개 중 하나라도
다시 싹을 틔우기를 바랄뿐이다.
흙위에 떨어진 씨앗은 싹을 틔우기 위해
안간힘을 쓰고 싹을 틔운 후엔 그것이 뿌리를 내려
스스로 흙에 있는 양분을 빨아들여 홀로 설 때까지
제 몸에 마지막 남은 살점까지 내어주고
흔적도 없이 사라진다.

고소혜

본명 고경숙. 강원도 영월 김삿갓면 출생.

계간 『착각의 시학』 수필 등단.

사)한국문인협회 회원. 한국착각의시학작가회 이사.

공저 《모국어 외상 장부》, 《詩에게 말 걸기》, 《쉼,》 외 다수.

분꽃은 나팔꽃 모양의 작은 꽃을 피운다. 그래서 어릴 적엔 이 꽃을 따서 입에 물고 친구들과 삼삼오오 모여 비록 소리는 나지 않았지만 나팔을 불어보기로 하였다. 분꽃 씨는 크기나 생김새와 색깔이 토끼 똥과 비슷하여 친구들과 손바닥에 올려놓고 또르르 굴리며 깔깔대고 웃던 기억이 새삼 떠오른다.

그리고 분꽃 씨를 찧어서 하얀 가루를 분처럼 얼굴에 발라보기도 했었던 어린 시절은 이제 다시 오지 않으리라.

- 수필「분꽃 필 무렵」 일부 발췌

고소혜

오늘도 왼 종일 흐릿한 하늘은 눈발을 형성하는지 속내를 알 수 없지만 머지않아 주먹덩이 같은 눈송이가 쏟아지면 하루 종일 일에 지친 노동자들이 먼저 찾는 나의 식당.

윗목에 있어도 목마른 물고기가 있는 것처럼 현시대 인간의 욕심은 끝없이 자아 욕구를 채우기 위해 혈안이 되어있다. 이 와중에 난 작은 식당의 주인으로 앉아 피로에 지친 사람들에게 내 마음대로 고기를 듬뿍 더 얹어줄 수 있는 권리가 있어 행복하고 손님은 만원의 행복을 만끽할 수 있다면 더할 나위 없이 좋을 것이다.

성큼 다가온 가슴 허한 찬바람의 계절, 하지만 뜨끈한 국밥의 계절이기도 한 12월. 최고의 재료들만을 엄선하여 삶고 우리고 썰고, 할 일이 태산 같지만 차분히 겸허한 마음으로 하루를 시작하고 감사로 마무리 하는 삶을 영위할 것! 이라고 오늘도 난 나에게 주문을 걸어 본다.

－수필「국밥의 계절」일부 발췌

고효혜

지금 내가 음식을 만드는 조그만 순댓국밥집을 운영하기 전만해도 가끔은 가까이 있는 불광천을 거닐며 아득한 내 삶의 무지개를 찾고자 했었다. 어쩌면 지금의 와는 아무런 삶의 연결 고리도 없지만 그곳에 흐르는 물 따라 걷다보면 어느 새 한강에 이르기에 그 하늘 아래 숨 쉬었던 맑은 눈물 같은 인연을 찾을 수 있을 것 같았기에 자주 찾곤 하였다. 그리고 그곳을 걸으며 노을에 젖은 사람들의 향기와 뒤돌아보면 거대한 고향의 향수로 떠오르는 북한산의 인자함에 더욱 녹아내리는 나의 삶의 무게를 자그마한 불광천 물길에 애태우던 사연을 한강의 나루터로 떠내려 보내고 싶었는지도 모른다.

—수필「내 외로운 열정의 거울」일부 발췌

고소혜

김화영

재미 시인·수필가.

『대한문학세계』 시 등단, 계간 『착각의 시학』 수필 등단.

한국 착각의시학작가회 회원.

공저 《시가 아프다고 말할 때》, 《시에게 말 걸기》,

《詩와 時 사이》, 《詩끌리오》, 《모국어 외상장부》, 《쉼,》 외.

술 이란 적당히 마시면 약주라 했고 취하도록 마시면 병주라 했던가
술을 마시는 것이 나쁜게 아니라 적당히 마시기가 힘들어 취하도록 마시는 습성에, 약주를
가지고 독주 내지는 병주로 만들어 마시는 주당들의 횡포에 주(酒)씨의 억울한 검은구름이
태양을 가린다. 어찌보면 술의 유혹을 이길 수 있는 수도자 들의 전유물인 그것을
나 같은 범인(凡人)들이 마셔대니 병주가 될 수밖에 없지 않겠나!
스님들의 마시는 술은 술이 아니고 곡차요, 가나안 혼인잔치에서 예수님이 첫 이적을 행하신
포도주는 술이 아니고 언약의 피였던 것이고 공생애를 마감할 때 최후의 만찬에서도
제자들에게 포도주를 나누어 주셨다. 인간의 내면과 영혼을 변화시키는 포도주,
원효 대사가 머슴들 방을 전전 하면서 같이 마셨던 술은 중생구제의 극락으로 가는
감로수 라면 우리가 마시는 술과 같다고 말할수 있을가.

수필: 술 예찬, 김 화 영

내가 젊었던 시절 복지라는 말은 언감생심 이었고 자신의 노력으로 살아가기 위한 눈물젖은 빵을 먹어보지 못한 오늘의 젊은이들이기에 청년 실업의 극심한 와중에도 중소 기업엔 사람 구하기 힘든 사회 모순 속에 퍼주기 확대 조세에 거부반응이 이는 것 또한 옛것만 고집하는 편협한 생각일까? 노인 대접을 못 받는 불쾌함보다 무시와 기피의 대상으로 생각하는, 노인을 이해 하려는 그 마음을 바라는 아쉬움 때문은 아닐까 생각도 해 본다. 키가 어두어 말 소리를 잘 알아듣지 못해 또 물으면, 상냥한 목소리로 다시 말해 줄 수는 없었는지 보청기 끼시란 대답을 들을 때 소외감이 몸을 뒤 틀고, 자식들마저 노인 취급하는 말과 모습에 '토사구팽' 당하는 기분 같은 당혹감이 가슴속을 쓰리게 훑고 지나 간다. 해방 전에 태어나 6.25의 피난길과 가난과 굶주림에 온갖 서러움도 겪었고 4.19 혁명때 앞줄에서 시위도 해 봤고 5.16 군사 쿠데타도 경험했으며 낯선 독일 땅 깊고 깊은 굴 속에서 자식들을 그리면서 몸에서 걷어낸 소금이 얼마였던가! 어디 그뿐이겠나 이국 베트남에 생명을 담보로 국가의 부름을 받아 치열한 피빛 속에서 목숨 부지한 악몽도 가슴에 남은, 살아온 인생의 경험이 얼마인데 자식들에게는 이 같은 가난 물려주지 않기 위해 버거운 삶 앞에선 자유와 인권은 오히려 꿈이 되어 거추장스러웠던 시절, 모래바람에 실눈 떠가며 열사의 나라 중동에서 흘린 땀의 결정, 그렇게 축적된 희로애락의 보물 같은 눈물과 웃음이 지금도 가슴속에 콸콸 흐르고 있는데 그 모든 것은 옛것이고 쓸모없는 무용지물로 매도 하는 젊은이 들의 위선을 대할 때마다 안타깝고 답답함을 토해내지 못한 묵직한 납덩이는 가슴에 쌓인다.

수필: 노년의 소회 김화영

지나온 세월을 되돌려보면 지지리도 못 살았던 그 시절 시부모 모시고 일 하랴 살림하랴 애들 키우랴 남편 비위 맞추랴 빈곤이 묻혀 척박한 곳에서 향기롭고 아름다운꽃 한번 피워보지 못하고 살아온 여인들의 인생, 가부장과 남존여비의 틀 속에서 숨소리조차 내지못하고 몹씨 몰아치는 바람을 견디며 살아오신 할머니 어머니의 생은 풍족함 속에서 살아온 여린 갈대가 아니고, 척박한 목마름을 참으면서 살아내신 억새같은 인생이 아니셨나 생각에 잠긴다.

바람불어 흔들리는 억새밭, 할머니 영혼의 너울이 서걱이고 어머니 흐느낌처럼 날리는 홀씨는 옛날에 그러셨듯 자식 사랑의 현재진행을 보면서 먹먹한 가슴속에 숙연함이 몰려 왔다. 부모곁을 떠나 내몰려온 삶의 현장속에서 무수한 비 바람속에 쓰러지고 자빠지면서도 저 풀들처럼 고난과 인내의 틈새속에서도 희망을 움켜쥐고 달려온 인생이 황혼속 억새처럼 깡 말라 백발된 머리와 세월이 할퀸 상흔 투성이가 억새와 한몸되어 붉은 노을속을 서성이며 열심히 살았고 후회없이 살았노라 미련도 외로움도 저 억새밭 소나무 밑에 묻고서 노을따라 하산을 재촉하는 걸음속엔 할머니 어머니도 함께하는 애잔한 마음에 그 발길도 가볍지 않았다.

수필: 여자의 마음 갈대라 했던가. 김 화영.